西安小史丛书
XI'AN XIAOSHI CONGSHU

隋唐长安城
SUI TANG CHANG'AN CHENG

● 撰著 张全民

西安出版社
西安曲江出版传媒股份有限公司

图书在版编目（ＣＩＰ）数据

隋唐长安城 / 张全民编著． －－ 西安 ： 西安出版社，
2015.8（2019.1重印）
（西安小史）
ISBN 978-7-5541-1212-0

Ⅰ．①隋… Ⅱ．①张… Ⅲ．①长安（历史地名）－城
市史－唐代②唐长安城－城市史 Ⅳ．①K878.3

中国版本图书馆 CIP 数据核字（2015）第 204144 号

西安小史丛书

隋唐长安城

编　　著：张全民
责任编辑：张增兰　范婷婷
责任校对：张爱林
装帧设计：辛梦东
责任印制：宋丽娟
出　　版：西安出版社
　　　　　（西安市长安北路 56 号）
电　　话：（029）85253740
邮政编码：710061
网　　址：www.xacbs.com
发　　行：西安曲江出版传媒股份有限公司
　　　　　（西安曲江新区雁南五路 1868 号影视演艺大厦 14 层）
印　　刷：三河市兴国印务有限公司
开　　本：889mm×1194mm　　1/24
印　　张：6.75
字　　数：114 千
版　　次：2016 年 1 月第 1 版
印　　次：2019年1月第4次印刷
书　　号：ISBN 978-7-5541-1212-0
定　　价：48.00 元

序一

坊间以西安或长安历史为题的著述多矣，为何还要编写并出版这样一本"小史"？这是我在阅读《西安小史》书稿之前心中的一个疑问。可是读完之后，却有了新的认识。

长安作为历史上最具盛名的都城，其特色鲜明，内涵丰富，为世所公认。即便从世界范围看，能够与之媲美的，也不多见。古代长安曾经集中了中国文化的精华，或者说，曾经是中华文化的典型代表。无论是其思想内容，还是其表达形式，皆堪称典范。要理解中国的历史及其同世界其他地区文明的关系，特别是解读中国制度文化的历史，离开了长安这座伟大的城市，恐怕是很难找到正解的。我们完全可以说，在当代中国，地理位置居中、但在感觉上略为偏西的西安，其实是理解中国传统与文化的一把钥匙，从某种意义上说，也是理解当代中国的关键之一。由于这样的历史地位和对于人类文化发展的贡献，有很多人为其著书立说，自是理所当然。

然而，我们能够读到的关于长安或西安历史文化的书籍，还是以严肃的研究类著述居多。这样性质的论著，对于学术研究的进步当然是很好的。可是，如今社会，有很多普通的民众，对中国文化的来龙去脉，以及如何一步步走到今天并不清楚。要回答这样的问题，学者们就应当基于严谨的学术态度，而用通俗易懂的语言，将历史的真实告之世人，从而显著地缩小当代与历史的距离，培育并增进那种本应得到继承，然而事实上却有些淡漠、甚至可以说睽违已久的民族历史情感。

在我看来，这正是此谦逊地自名为"小史"，内容却丰富多彩的读物所承载的使命。读完之后，我掩卷而思，甚感作者用心之良苦、匠心之独运。作者是专业人士，学养深厚。有此基础，故全书概念准确，内容丰富，取舍得当，读来令人饶有兴味。一卷在手，费时不多，古长安之历史兴衰及其对于当代的影响，可以有个初步的认识，这一点，是勿庸置疑的。

然而我还要特别指出，本书与许多类似的著述所不同的两个特点。

第一，近代以来，随着社会的变迁，长安文化在许多人看来不过是一种久远的历史存在。当然，国人和世界都不会不注意到古代长安的文化遗存，但注意力更多地停留在物质的或外在的表现方面，长安文化的精神与核心却往往是被忽视的。然而本"小史"却非常重视对内在精神文化的解读，虽笔墨不多，用语也并不佶屈聱牙，然有其深意在焉。我们知道，历史上所有伟大的城市，之所以千古留名，从根本上说，是因其体现了某种足以反映时代特征的伟大思想和精神。我们说起长安，就会情不自禁地联想到汉唐气象，这说明长安具有有别于其他古代城市的特殊精神气质。而其空间格局和建筑的样式等等，只不过是其思想与精神气质的外在表现，是思想与精神气质的物化。这一点，如果本书的读者稍加留意，是一定会注意到的。

第二，本书作者在娓娓道来之际，给自己确定了一个相当高的学术品格。这个品格除了以严谨的态度尊重历史事实之外，还体现为其视野和胸怀。我曾在另外一个场合说过，长安学的研究应当遵循一个基本原则，即要有历史起点、当代情怀和世界眼光。所谓世界眼光，是说解读长安或西安的历史，必须要超越今日西安的空间范围。换言之，我们不能坐井观天，而必须换个角度回望自己的历史。舍此，我们其实无法准确地解读长安或西安在中国历史甚至世界历史上的地位与影响。我相信，如果读者明白了这一点，就不会对本"小史"中的某些内容远离关中中部这个相对狭小的地理空间而感到诧异了。

总之，这是一套好书，我愿意向各位郑重推荐。我相信借助此书，我们一定能够同作者一起，分享根植于我们灵魂深处的对于西安、对于祖国、对于人类文明的深厚情感。

萧正洪

（中国古都学会会长）

2015 年 7 月 30 日

序二

西安古称长安，是世界最著名的古代大都会之一，著名的丝绸之路的起点就在西安，其在古代中国与亚洲、非洲和欧洲各国的经济文化交流中发挥了重要的作用。在西安建都的王朝前后有 13 个之多，是我国建都时间最长、建都王朝最多的城市，被列为"七大古都"之首。尤其是隋唐时期的长安城，不仅是我国历史上规模最大的城市，其 84.1 平方公里的面积，是汉长安城的 2.4 倍、明清北京城的 1.4 倍；同时也是当时世界上规模最大的一座城市，比同时期的东罗马帝国的都城君士坦丁堡大 7 倍，也比公元 800 年所建的巴格达城大 6.2 倍。位于长安城北龙首原上的唐大明宫，是我国历史上规模最大、最为宏伟的一处宫殿群，其面积是今北京故宫的 3.5 倍。如此宏伟壮丽的城市，不仅是这一时期全国的政治、经济和文化中心，也是世界各国各地区的人们向往的黄金帝国。据《唐六典》的记载，当时来长安与唐通使的国家、地区多达 300 个，其中东罗马帝国先后 7 次遣使至长安，日本遣唐使到达长安 16 次，阿拉伯帝国曾 36 次派使节到长安，西域各国"入居长安者近万家"，在唐朝政府中担任各种官职的外国人也为数不少，因此长安城可谓真正的国际大都市。

正因为如此，西安地区的历史文化积淀十分深厚，著名的半坡、秦兵马俑、阿房宫、汉长安城、大明宫、大唐西市、明城墙以及大雁塔、小雁塔、大兴善寺、华清池、兴教寺、青龙寺等历史遗址星罗棋布，其周围的帝王与历史名人的墓葬和文化胜迹更是数不胜数。此外，由于西安是丝绸之路的起点，自从有了这条道路，古代世界才真正开始联结成为一个整体，人类文明进步的脚步进一步加快，人类物质和精神生活由此而更加丰富充实和绚丽多彩，东方历史和欧亚各国文化的发展由此改观。因此，人们称誉这条丝绸之路为"推动世界历史车轮的主轴"，是"世界文化的孕育地""世界文化的母胎"，是"世界文化的大运河"。当然丝绸之路绝不仅仅是一条东西方之间的商贸通道，它更是一条外交之路、对外开放之路、民族融合之路、文化传输之路和文明交融之路。

然而，如此丰富而深厚的历史文化积淀，直到目前尚未有一套简明扼要、适合普通读者阅读的介绍西安历史文化的书籍问世。有鉴于此，西安出版社和曲江出版传媒股份有限公司组织专家学者编写了这套《西安小史》丛书，以便为广大读者、游客和关注西安历史文化的中外人士服务。

这套丛书共由六部小书组成，即《汉长安城》《隋唐长安城》《西安十三朝》《西安历史名人》《西安文化名人》《汉唐丝绸之路》，每部小书约为5万至6万字，各配有数十幅精美的彩色图片。因此，图文并茂，是这套丛书的第一个鲜明特点。

为了使广大读者在工作之余能以更短的时间了解西安的历史文化，故采取了专题式的写作方法。每部小书约有一百多个条目，每个条目约有数百字，把这一专题相关的内容系统而简要地介绍出来。因此，文字简洁，流畅自然，是这套丛书的又一个显著特点。

这套丛书的作者均为西安地区高等学校和文博部门从事多年考古与历史研究的专家学者，对西安地区的历史文化有着深入的研究。每部书所收的专题都经过反复讨论后才最终确定。初稿完成后，又经过了认真的修改完善。因此，内容丰富，知识科学，也是这套丛书的特点之一。

其中《汉长安城》分为9大专题，即城墙与城门、殿阁、官署、礼制建筑、市场作坊、里巷街道、苑囿、陵墓、军营等，共百余条目，详细介绍了汉长城近800年的都城史以及其兴建、繁荣、衰落的历史过程。

《隋唐长安城》分为13个大专题，即总论、三大内、皇城与官署、外郭城、坊市与宅第、庙坛、寺观、风景名胜、井渠、离宫别馆、陵墓、岁时风俗等，一百多个条目，介绍了其作为隋唐两朝都城300多年的历史情况以及城市的发展变迁史。

《西安十三朝》以在长安地区建都的西周、秦、西汉、新莽、东汉献帝、西晋、前赵、前秦、后秦、西魏、北周、隋、唐等王朝为专题，每个专题中又分为若干条目，主要围绕着这些王朝的重大事件、典章制度、经济状况、文化成就以及兴衰历史等情况，进行了详细的介绍。

《西安历史名人》共分为119个条目，介绍了上至先周时期、下止民国时期3000多年间的众多历史人物，包括杰出帝王、名臣将相、政治家、改革家、外交家、旅行家以及为中华民族的发展做出过贡献的各类人物。在详尽介绍其生平情况的同时，着重介绍了其历史贡献以及在我国历史上的地位。

《西安文化名人》共分为120个条目，着重介绍了从上古至民国时期以关中为籍贯或者曾在这块土地上生活过的历代文化名人的事迹。包括文学家、音乐家、美术家、书法家、史学家、佛学家、经学家、科学家、剧作家等各类文化名人，除了介绍其生平事迹外，侧重对其在各自领域内所取得的突出成就及其地位进行客观的评价，在一定程度上可以反映我国古代文化史的发展情况。

《汉唐丝绸之路》共分为114个条目，详细介绍了以长安为起点的丝绸之路沿线的国家民族、城市聚落、历史遗存、道路走向以及中外经济文化交流的情况。除了介绍汉唐时期丝绸之路的发展变化情况外，还对早期丝绸之路的历史进行了介绍。为了响应习主席提出的"一带一路"的战略构想，还专门设计了相关的条目，对其内涵予以介绍。

这套丛书的编写与出版，是一种新的尝试，主要目的是想用一种图文并茂、简明易懂的方式介绍西安的历史与文化，以有别于学术著作的晦涩难懂，以满足广大群众了解西安历史的需要。因此此书的出版，无疑有利于宣传西安及陕西的悠久历史和灿烂文化，扩大其影响，同时对西安地区旅游业的发展也将起到积极的推动作用；对古代丝绸之路历史的介绍和"一带一路"的宣传，则有利于广大人民群众对这一伟大战略构想的了解。

杜文玉

（中国唐史学会副会长、陕西师范大学教授）

2015 年 5 月 15 日

前言 *preface*

隋大兴城

公元581年，隋文帝杨坚取代北周，建立隋朝。立国之初，沿用汉长安城为都，同时筹划创建新都。

汉长安城自西汉初年营建，至隋已历780余年，屡遭战乱破坏，凋敝残破日久，后虽有修葺，但规模与国都的地位已不相称，这是隋文帝另建新都的重要原因。正如《通志》所言："制度狭小，不称皇居。"而且汉长安城北临渭河，地势低平，加之渭河不断南移，时有水患。据《隋唐嘉话》记载：隋文帝梦见洪水淹城，心生厌恶，于是移都大兴城。此外，汉长安城因久为帝都，年深日久，地下秽恶聚而不泄，水多咸苦。开皇二年（582年）大臣庾季才上奏隋文帝：从汉代营建此城开始，至今将近八百年，"水皆咸卤，不甚宜人"。通览历朝都城"无革命而不徙"，隋文帝因此决定废弃汉长安旧城，另建规模宏大的新都，以图成就万世基业。

开皇二年六月，隋文帝正式颁布营建新都诏书，任命左仆射高颎为营新都大监，总领新都营建事宜；任命太子左庶子宇文恺为营新都副监，开始在汉长安城东南20里的龙首原上大规模营建新都。

唐 阎立本《历代帝王图》中的隋文帝

新都从开皇二年六月始建，到次年的三月，仅用9个多月时间就初步建成。营建的顺序是先筑宫城，次筑皇城，最后筑外郭城。但是由于时间急促，外郭城垣并未完全建成。直到隋炀帝大业九年（613年），还曾征发夫役10万人筑城。隋代还在城北修建了大兴苑，开凿了龙首、清明、永安等三条城市引水渠道。

开皇二年十二月，隋文帝命名新都为大兴城。文帝北周时曾封大兴公，等到即位以后，就用大兴来命名城、县、门、殿、园、池及寺，取其兴隆昌盛之意。开皇三年（583年）三月，隋文帝正式由汉长安城迁入新都。

关于新都选址龙首原，隋文帝营都诏书称"龙首山川原秀丽，卉物滋阜，卜食相土，宜建都邑，定鼎之基永固，无穷之业在斯"。同时龙首原的名称本身就与真龙天子有密不可分的关系。新都的设计还充分考虑了地形特征，并加以适当利用。宇文恺把龙首原上的六坡当作龙首原脉，比附为乾卦之六爻，布设不同的建筑，以体现《周易》的原则，更使龙首原被神化，成为兴旺发达、定鼎立业的宝地。六坡中以"九二、九三、九五"高坡的地位最为尊贵，"故于九二置宫阙，以当帝之居；九三立百司，以应君子之数；九五贵位，不欲常人居之，故置玄都观及兴善寺以镇之"。位于高坡之上的著名寺观，除了前面所说的玄都观和兴善寺，都城最高处乐游原上建筑的灵感寺（唐青龙寺），也是典型一例。

大兴城总的地势是东南高、西北低，南城墙一线高差悬殊。宇文恺设计时，在地势低下的郭城西南隅建禅定寺（唐庄严寺）、大禅定寺（唐总持寺）两座寺院，占据永阳、和平二坊之地。两寺各建一座百米高的木塔，使高耸的木塔与低洼的地势取得平衡。外郭城的东南地势很高，宇文恺营建京城时因为罗城东南地高不便，故缺此隅头一坊，余地穿凿芙蓉池以虚之。后又在这里建了离宫，有计划地将此处辟为都城的风景区。

隋代大兴城规模宏大，是我国古代也是当时世界上规模最大的都城。考古实测外郭城平面呈长方形，东西长 9721 米，南北宽 8651.7 米，面积约 84 平方千米。它是按照一套完整的总体规划修建而成，是我国古代封闭式里坊制城市的典型。全城由宫城、皇城和郭城三大部分组成。大兴城总的格局是宫城位于郭城北部正中，皇城紧靠宫城南侧，外郭城则以宫城、皇城为中心，分布在东、南、西三面。其中宫城是皇帝居处的宫殿建筑，皇城是百官衙署的所在，外郭城被纵横交错的街衢划分为居民区的"坊"和贸易区的"市"。

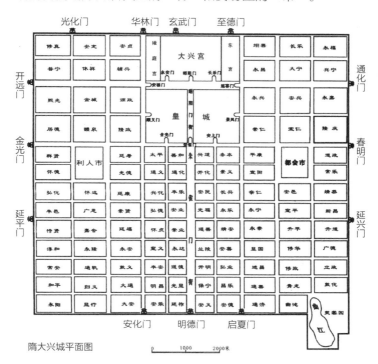

隋大兴城平面图

隋大兴城改变了以前西汉长安城宫城多位于郭城西南隅、坐西朝东的布局，继承和发展了北魏洛阳及东魏、北齐邺城那种宫城位于郭城北部中央、坐北朝南的布局形式。隋大兴城还打破了西汉长安城"面朝背市"的传统格局，将宫城与市的位置互易，改变了《周礼·考工记》中的建都规范，把两市对称地设置于皇城的东南和西南。把宫城、皇城与郭城相隔离，而且也将居民的"坊"和贸易的"市"相隔离，这是大兴城的首创，体现出不同以往的新创意。

隋大兴城坊里方正封闭，排列整齐，呈棋盘格式的规划布局。在外郭城有东西向大街 14 条，南北向大街 11 条，方向端正，街衢修直，两者相互交错，将外郭城划分为规整的里坊和市。以正中的朱雀大街为中轴线，左右对称布局，东西分属大兴、长安两县，街西有 55 坊和利人市，街东有 54 坊和都会市（城东南隅芙蓉园和曲江占去一坊之地）。规模宏大，布局整齐，规制精严。

唐长安城

唐长安城的前身是隋大兴城。公元 618 年，李渊称帝，建立唐朝，沿用隋大兴城作为都城，改称长安。长安之称取自地名，"本秦之乡名"，同时还有长治久安之意。汉朝就称长安，唐继续沿用，隋大兴城和唐长安城通常合称隋唐长安城。隋大兴城奠定了唐长安城的基本规模和总体布局，唐改名长安后，宫殿、坊市和城门建筑多有更名，但仍继承了原有的格局。唐王朝在隋代都城的基础上大兴土木，新建了大明宫、兴庆宫两大豪华的宫殿群以及寺观、宅邸等众多建筑，使长安城更加宏伟壮丽。

唐长安城仍旧分为宫城、皇城和郭城三大部分，其布局基本上依隋之旧。高宗永徽五年（654年）和玄宗开元十八年（730年）均大规模修筑外郭城城墙，其中永徽五年修筑时还在东、南、西三面的9座城门上建造了宏伟的楼观。外郭城内由14条东西向、11条南北向的街道大致划分出居民居住的坊和贸易的市。全城以朱雀大街为南北中轴线，对称地分为东西两部分，分属万年、长安两县。东西两市分别在皇城的东南和西南。唐代诗人白居易将这种城市布局形容为"百千家似围棋局，十二街如种菜畦"。城内的主街道笔直宽阔，其中朱雀大街宽达155米，两旁大都种植着整齐的槐树，与宗教寺院、官员府第交相辉映。而在宫城和皇城中，则多种梧桐树、柳树，与宫殿楼阁、亭台水榭、宗庙社稷、官府衙门掩映生辉。

随着唐代对宫殿、夹城等的增修，这种理想化的平面布局逐渐有所改变。由于在长安城东北禁苑中修建大明宫时开辟了丹凤门大街，翊善、永昌二坊被从中分开，各分作二坊。后又因扩建兴庆宫，不仅占去隆庆坊一坊之地，还缩小了永嘉和胜业两坊。同时，为便于皇帝从兴庆宫前往大明宫及芙蓉园，唐代还沿长安外郭城的东墙修筑了两段复壁，中有专供皇帝往来的通道，称为"夹城"。开元十四年（726年），傍外郭城东壁建兴庆宫北通大明宫的复壁。开元二十年（732年）又沿郭城东壁建兴庆宫南通曲江芙蓉园的复壁。此外，宪宗元和十二年（817年），还沿北郭城墙修筑了一段夹城，"自云韶门过芳林门，西至修德里，以通于兴福佛寺"。以上这些增修偏重于城的东部，改变了少数街坊的形制，使得朱雀大街以东的街坊和以西的街坊不甚对称。

唐长安城里坊的总数因开辟丹凤门大街、修筑兴庆宫等而有所变化。据《长安志》记载有 108 坊；而《唐六典》记载，开元十四年修筑兴庆宫以前，共 110 坊。

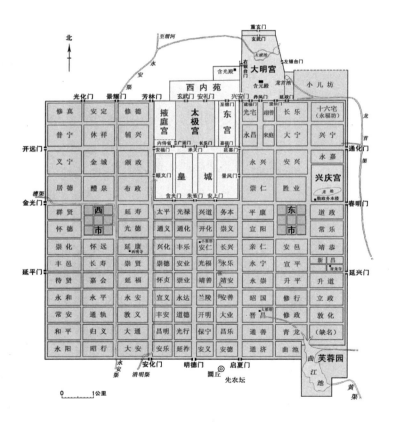

唐长安城平面图

里坊内除了少数官府机构外，主要是官吏、市民住宅和寺观。坊的平面形状可分正方形和长方形两种。坊四周都筑有坊墙，亦称里垣。多数的坊都是四面各开一门，坊内设有"十字街"，分为 4 个区，每区又有十字形小巷。全坊划分为 16 个小区。只有朱雀大街两侧的四列小坊，因隋文帝认为"在宫城直南，不欲开北街，泄气以冲城阙"，故"每坊但开东西二门"。坊设坊正一人，掌"坊门管钥，督察奸非"之责。街上设有街鼓，天明和日落时，坊门随街鼓声开闭。除了三品以上的高官或门第、才德、文学卓著的"坊内三绝"外，不准凿开坊墙、朝大街开门。

长安城里坊内士庶住宅的分布多寡不均。北部地区人口稠密，官宅居多，特别是靠近三大内的城内东北地区，官僚宅第更为密集。而南部地区，尤其是靠近城南的四列里坊，由于位置偏远，居民比较稀少，"虽时有居者，烟火不接，耕垦种植，阡陌相连"。

唐长安城中营建了许多豪华富丽的宅邸。王公贵族的朱门高楼矗立于通衢大街的两旁，正如唐代诗人所描写的那样，"长安十二衢，家家朱门开"。贵族官僚十分重视宅第的营建，竞相占据有利地形，不惜斥巨资建造私邸。其穷极侈靡，在开元天宝之际达到顶峰。

唐长安城中寺观林立，多是隋代所建。其中 77 坊设有寺观，约占全部里坊的 60%。据韦述《两京新记》记载，至开元时期，长安城有僧寺六十四、尼寺二十七、道士观十、女观六、波斯寺二、胡祆祠四。天宝以后还陆续增加，据《唐两京城坊考》等资料统计，有僧寺九十、尼寺二十八、道观三十、女观六、波斯寺二、胡祆祠五。

唐代长安的达官贵人为了追福、祈福，盛行"舍宅为寺观"。寺观内的书法和绘画艺术品特别出色，形成了独特的寺观文化。寺观大都布设于高坡台地上，规模宏大，殿宇富丽，且建有山池园林。如大兴善寺，郑谷就曾赞道："寺在帝城阴，清虚胜二林。"而著名的慈恩寺则更是林泉形胜，南临黄渠，水竹森邃，为京都之最。

寺院道观也是唐代长安居民重要的游览场所。许多寺院道观，既有名家书画的布置，又多园林胜景，因而常是游人汇集之处，也是诗人吟咏的地方。慈恩寺、青龙寺等寺院设有表演歌舞和百戏的"戏场"，吸引了很多观众。新科进士到慈恩寺内"雁塔题名"更是传为佳话。

长安城工商业的日益繁盛，冲击着封闭的坊市制度。大约自高宗以来，两市四周各坊和交通干线上的城门附近以及大明宫前各坊，即逐渐出现大小工商行业。中晚唐时，东市西北的崇仁坊，已是"一街辐辏，遂倾两市"；西市东北的延寿坊，也被推为"繁华之最"。在这些工商业聚集的坊里和两市中，中晚唐甚至出现了夜市，"昼夜喧呼，灯火不绝"。中晚唐以后，不顾禁令拆毁坊墙、起造房屋的情况屡有发生，中世纪封闭的里坊制城市结构受到巨大冲击，一种新的城市雏形正在旧城中孕育着。

在长安城以北，分布着规模宏大的皇家三苑，即西内苑、东内苑和禁苑，同时起着宫城北面的防卫作用。西内苑位于西内太极宫以北，又名北苑，南北1里，东西大致与宫城齐。东内苑位于东内大明宫之东南隅，南北2里，东西尽一坊之地。禁苑为隋之大兴苑，范围极广，东接浐水，西包汉长安城，北枕渭水，南接京城，是皇家游乐狩猎之处。长安城东南隅的芙蓉园和曲江池占去城内一坊之地，另一半伸出城外，隋建大兴城时就将这里规划为都城的风景游览区。

长安城外东、南、西三面是万年、长安两县的郊区，有多处著名的风景区。如长安城以东的骊山华清宫，西南的昆明池和定昆池。城南的樊川分布着著名的"樊川八大寺"，也是长安城中达官贵人营构别墅之处。

在长安郭城的四郊，还建有许多"郊祀"的坛，以祭天、祭地、祭日月星辰、祭山川万物等各类神祇。例如圜丘坛，亦称天坛，乃祭天之用，设于长安南郊明德门道东2里。又如方丘坛，亦称地坛，乃祭地之用，设于长安城北14里。此外，在长安城南郊，还有太乙坛、百神坛、灵星坛、黄帝坛、赤帝坛、雩坛；在东郊，有日坛、先农坛、青帝坛、风师坛；在西郊，有月坛、白帝坛；在北郊，有黑帝坛等。

长安城内较大的水渠有5条。龙首渠从城东引浐水进城，清明、永安二渠分别从城南引洨水和潏水入城。此三渠皆开凿于隋初，北入宫苑，主要是为了美化城市和宫苑的环境。到了唐代，则进一步疏浚渠道，使水量更加充沛。黄渠开凿于唐开元年间，出自义谷（今大峪），注入曲江，使这里成为游览胜地，同时供给城东南诸坊用水。外郭城以西还有一条引潏水的漕渠。唐天宝初年，引漕渠水由金光门附近入城，流入西市，是专为运输终南山的木材和薪炭的。

唐长安不仅是全国政治、经济和文化的中心，而且也是当时世界上最繁华、规模最大的都会和东西文化交流的中心。唐长安繁盛期间，人口在百万左右，包括来自各国的使节、学者、高僧、艺术家、商贾和留学生。长安城内的佛道寺观数以百计，还有景教、祆教、摩尼教等外来宗教的庙祠。长安是丝绸之路的起点，通过这条丝路，300多个国家和地区的使臣、学者前来通好、留学、进行交流。盛唐文明居世界之先，并以长安为中心，向周边国家及地区辐射，而丝绸之路就是沟通中外文化交流最重要的通道。

丝绸之路示意图

宏伟壮丽的唐都长安，在"安史之乱"以后多次遭到兵火洗劫，以致最终毁灭。天祐元年（904年），军阀朱温勾结宰相崔胤，强迫唐昭宗迁都洛阳，对长安城进行了最大的一场洗劫。朱温命令长安居民"按籍迁居"，"毁长安宫室百司及民间庐舍，取其材，浮渭河而下"，运往洛阳。长安城中"连甍号哭，月余不息"。规模宏大、壮丽繁华的天朝名都在历经320多个春秋之后，成为一片废墟。

长安城被废毁后，由留守此地的匡国节度使韩建对长安进行了缩建。他放弃了宫城和外郭城，以皇城为基础，重建长安城。新城东、南、西三面利用了皇城的城垣，北面则以宫城南垣为墙，面积仅占原长安城的1/16。同时关闭了部分原有城门。五代和宋元时期仍基本沿袭使用韩建的新城。

隋唐长安城规划整齐，布局严谨，是我国古代封闭式里坊制城市的典型。它的结构和布局，充分体现了封建社会兴盛时期的宏大气魄，在中国建筑史、城市史上有着划时代的影响。隋唐长安城的设计规划，既影响了当时国内东都洛阳以及地方城市的建设，对周边其他地区和国家也产生了重要影响。例如，中国东北地区建立的渤海政权，其中上京龙泉府城、中京显德府城、东京龙原府城的宫城都在城北部正中。日本从7世纪后半叶到8世纪后半叶修建的藤原、难波、平城、长冈、平安5座京城，也是仿效隋唐时期长安和洛阳城兴建的。葱岭以西的中亚地区，如中亚托克马克以西的阿克彼兴古城（碎叶城）、塔拉斯城（怛逻斯城）等一些城市，采用了大体方形平面，"面三门"或"四面十二门"的做法，也源于隋唐。

目录 *contents*

驿站与桥梁

陵墓

岁时风俗

三大内·宫城与太极宫

宫城
GONGCHENG

　　宫城是供皇帝居住和处理朝政的地方，亦属于内城，古代所谓"筑城以卫君，造郭以守民"。隋唐长安的宫城是隋初创建大兴城时所营筑，其布局依隋之旧制，位于外郭城的北部正中，呈长方形。宫城的中部是太极宫（隋称大兴宫），东侧是太子的东宫，西侧是后宫人员居住的掖庭宫。三宫之间以宫墙相隔，中有宫门相通。掖庭宫南端有内侍省，掌管宫内事务；掖庭宫北端有太仓，为国家粮仓。宫城平面为规整的长方形，四周夯筑 3 丈 5 尺（合 10.3 米）高的宫墙，文献记载"东西四里（合今 2160 米），南北二里二百七十步（合今 1485 米）"。考古实测东西长 2820 米，南北宽 1492 米，面积约 4.2 平方千米。文献所谓"东西四里"与实测相差 660 米之多，实际上仅指太极宫与东宫的宽度，而没有计入掖庭宫的宽度。宫城南、北、西三面共开 10 门，东侧无门。根据文献记载，宫城南面有 6 门，至于太极宫和东宫各占几门、排列顺序如何，则有两种不同观点。一种观点认为，太极宫南面 3 门，即《唐六典》记载"中曰承天，东曰长乐，西曰永安"，《长安志》有"正门承天门，其东依次为长乐门、广运门、重福门、永春门，其西为永安门"的记载，可知东宫南面亦为 3 门，正南重福门，其东永春门，其西广运门。另一种观点以徐松的《唐两京城坊考》为代表，流行较广，认为太极宫南面 5 门，其中承天门居中，东宫南面1门，排列和名称与《长安志》稍异；北面3门，中部偏西为玄武门，向东是安礼门、玄德门（东宫北门）；西面靠近北端有1门，称西门。

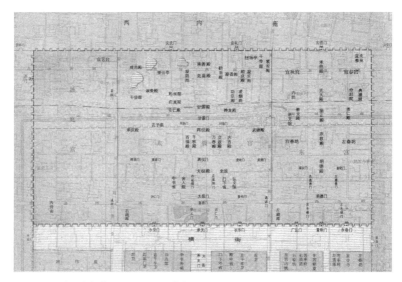

长安宫城图（史念海《西安历史地图集》）

又称西内，因其位置在大明宫以西之故。隋开皇二年（582年）创建大兴宫，唐景云元年（710年）改称太极宫。北靠大兴苑（唐称禁苑），南临皇城，体现了封建皇帝面南而治的思想，是宇文恺当年设计都城的核心所在。隋朝和唐初30多年的主要朝政活动都在这里进行。高宗龙朔以后，政令中心东移大明宫，但中宗、睿宗、玄宗、僖宗和昭宗仍有部分时间在西内听政，这里仍保留着唐代重要的政治中心地位。太极宫平面呈长方形，据考古实测，东西宽1285米，南北长1492米，面积约1.9平方千米，是明清北京故宫的2.7倍。太极宫四面共有10门。其中南面5门：中为承天门，东为长乐门、永春门，西为广运门、永安门；北面2门：正门玄武门，东为安礼门；东面1门曰通训门（天宝年间改为凤凰门），与东宫相通；西面2门：南曰通明门，北曰嘉猷门，西与掖庭宫相通。太极宫门前的横街宽300步，合今411米，是长安城内最宽的大街，具有广场（集会场所）的性质，同时起着拱卫宫城的作用。承天门及门前广场是举行"外朝"的场所，元旦、冬至和大赦时举行典礼以及接见外国使臣的仪式都在这里举行。太极宫的正殿称太极殿，是举行"中朝"朝会的场所，每月朔望的朝仪在此举行。在太极殿两廊外设有中书省、门下省等机构，协助皇帝处理政务。太极殿后的两仪殿即举行"内朝"的场所，是皇帝与百官议政的地方。太极宫以内，以朱明门、肃章门、虔化门等宫院墙门为界，把宫内划分为前朝和内廷两个部分。朱明等门以外，属于"前朝"部分，其中以承天门、太极殿为主，是皇帝举行大典和主要听政视朝之处；朱明等门以内，属于"内廷"部分，有两仪殿、甘露殿等殿院及山水池、四海池等园林建筑，是皇帝日常生活与后妃居住的区域。太极宫是唐长安城第一处大的宫殿群，有殿、阁、亭、馆三四十所。在布局上，全宫以中轴线突出承天门、太极殿、两仪殿等主要建筑，并由南向北排列，其他殿院则左右对称，分布两侧，表现出典型均衡的建筑格局，以突出皇权的权威。

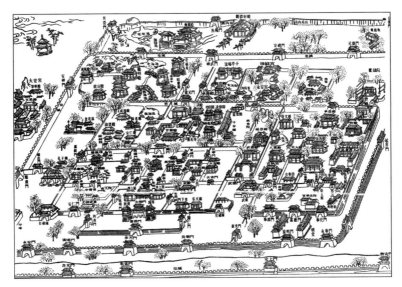

长安宫城图（《陕西通志》）

　　太极宫宫门，位于太极宫南面的中部，为西内的正门。建于隋初，初称广阳门，仁寿元年（601年）称昭阳门，唐武德元年（618年）改称顺天门，中宗神龙元年（705年）始称承天门。门上建有高大的楼观，门外左右有东西朝堂，东朝堂前有肺石，西朝堂前有登闻鼓，门前有宽300步（约441米）的广场，南面有直通朱雀门、明德门，宽约150~155米的朱雀大街。承天门是皇帝举行"外朝"大典之处。凡元正、冬至、登基、改元、大赦、受俘及召见外国使者与各族宾客、接受朝贡等，皇帝则御承天门楼举行盛大典礼。每逢大典，承天门内则由左右卫挟门排列于东西廊下。门外广场，千官序立，仪仗排列，庄严隆重。如唐太宗册李治为皇太子，睿宗即皇帝位，玄宗受吐蕃宰相尚钦藏献盟书等，都在此举行典礼。承天门前曾举行过一些宴乐活动，如玄宗皇帝常在此门楼陈乐设宴，并向楼下抛撒金钱，许百官争拾，故张祜《退宫人》诗中有"长说承天门上宴，百官楼下拾金钱"之句。遗址在今西安城内莲湖路莲湖公园莲湖池南岸偏西处。据 1962 年考古探测，门的基址大部分已被破坏，其西端的门基座尚存 3 个门道，东西残长 41.7 米。中间门道宽8.5 米，西侧门道宽 6.2 米，东侧门道宽 6.4 米，门道进深 19 米。考古发掘证实明德门、丹凤门皆为 5 个门道。由于门址东侧已被破坏，已无法确定承天门的门道数量。

唐　懿德太子墓壁画《阙楼图》

玄武门
XUANWU MEN

　　太极宫北面中门。建于隋，门上建有楼观。神龙三年（707年）八月，太子李重俊欲诛韦后攻入西内，兵围玄武门失败后，曾改门名为神武门，楼名为制胜楼。玄武门地据龙首原高坡，北临西内苑，前俯宫城，为控制太极宫的制高点，成为唐代历次宫廷政变争相控制的要塞。如武德九年（626年）六月四日秦王李世民射杀太子李建成与齐王李元吉的"玄武门之变"、唐隆元年（710年）六月李隆基率兵入宫诛杀韦后，都是伏兵于此门或是由此门攻入宫内而取得胜利的。玄武门由于是宫城北面的重要门户，有禁军屯驻防守。贞观十二年（638年）十一月，唐太宗专置左右屯营，以诸卫将军领之，宿守玄武门，称为"飞骑"兵。开元之初，唐玄宗常"御北阙"，在玄武门校阅羽林军。玄武门又是唐朝君臣举行射礼之处。武德二年（619年）正月辛丑，高祖赐群臣大射于玄武门。贞观十六年（642年）九月九日，太宗赐五品以上射于玄武门。唐人崔元翰《奉和登玄武楼观射即事书怀赐孟涉应制》诗有"宁岁常有备，殊方靡不宾。禁营列武卫，帝座彰威神"，"城高凤楼耸，场迥兽侯新。饮羽连百中，控弦踰六钧"之句。玄武门楼也是皇帝赐宴之地。武德元年（618年）十一月甲子，高祖慰劳凯旋大军及骨咄禄于此。太宗也多次在这里赐宴三品以上官员及各少数民族首领。相传，贞观十八年（644年）二月十七日，太宗在玄武门楼宴三品以上官员时，曾亲自操笔作飞白书，任群臣争抢。玄武门楼也是皇帝与百官盛张百戏进行游乐的场所。贞观十四年（640 年），唐太宗在玄武门大宴群臣及河源王诺曷钵，"奏倡优百戏之乐"。景龙三年（709 年）二月己丑，中宗及近臣在玄武门观宫女分朋拔河为戏，并遣宫女为市肆，公卿扮为商贾，双方交易，发生忿争，中宗与韦后临观为乐。玄武门位于北垣中部略偏西，门下有一门道。据考古探测，门基座平面呈长方形，东西长 34.2 米，南北宽 16.4 米，估计上面可建东西 5 间、进深 3 间的门楼。唐大明宫北门，亦称玄武门。

唐墓壁画《仪卫图》

太极殿
TAIJIDIAN

　　太极宫正殿，位于承天门正北。建于隋初，称大兴殿；唐武德元年（618年）改称太极殿，为皇帝举行"中朝"听政之处。唐初，凡逢朔（初一）、望（十五）之日，皇帝登临此殿会见群臣视朝听政，永徽二年（651年）改为每五日一度。隋文帝及唐初诸帝主要在此殿理政。唐太宗"贞观之治"时君臣论政的许多著名故事，都发生在这里。凡有大典，如武德元年五月甲子李渊之受隋禅登帝位，贞观二十三年（649年）六月甲戌唐太宗之殡仪，以及册封皇后、皇太子、太子妃、诸王、王妃、公主与宴百官贡使等，也多在此殿举行。唐高宗以后，唐代皇帝虽然多迁居大明宫和兴庆宫处理朝政，但遇登基或殡葬等大礼大事，如德宗、顺宗、宪宗、敬宗等即帝位，代宗、德宗等葬仪，都是由大明宫迁于西内的太极殿举行。《新唐书·礼乐志》

唐 阎立本《步辇图》

载，开元五年（717 年），因"太庙四室坏，奉其神主于太极殿，天子素服避正殿，辍朝三日"。

西内宫殿，位于太极殿北。建于隋初，原称中华殿，唐贞观五年（631 年）改称两仪殿。文宗大和二年（828 年）八月，修葺两仪殿与甘露殿，建房 172 间，此殿在太极宫朱明门内，为皇帝举行"内朝"、日常听政视事之处，也是皇帝在内廷欢宴大臣与宴见少数民族使者之处。唐太宗贞观十四年（640 年）九月乙巳，宴五品以上于两仪殿，奏九部乐；十六年（642 年）十月庚子，宴诸蕃使于两仪殿，赐帛；十七年（643 年）四月丙戌，太宗御两仪殿，立晋王为皇太子。唐人李峤、杜审言、刘宪、李乂、赵彦昭等有《奉和七夕侍宴两仪殿应制》等相关诗歌。刘宪诗云："秋吹过双阙，星仙动二灵。更深移月镜，河浅度云軿。殿上呼方朔，人间失武丁。天文兹夜里，光映紫微庭。"《新唐书·武平一传》载，中宗宴群臣于两仪殿，令胡人唱"合生"，武平一上书谏曰："两仪、承庆殿者，陛下受朝听讼之所，比大飨群臣，不容以倡优媟狎亏污邦典。"唐高宗以后，唐代皇帝虽多移居大明宫或兴庆宫听政，但遇帝后之丧，仍多殡于此殿。如宪宗元和十一年（816 年）三月，皇太后死于兴庆宫咸宁殿，然而发丧却在两仪殿。

甘露殿
GANLUDIAN

　　太极宫三大殿之一，位于两仪殿之北，居于西内的中部。此殿为皇帝宫内读书之处。殿内北壁列放书架，桌上置放银砚、碧镂牙管，银函中置纸。中宗时，令诸学士入集此殿，以备顾问。景龙中，宰相李峤《甘露殿侍宴应制》诗曰："月宇临丹地，云窗网碧纱。御筵陈桂醑，天酒酌榴花。水向浮桥直，城连禁苑斜。承恩恣欢赏，归路满烟霞。"乾元三年（760年）二月，太上皇李隆基由兴庆宫徙居太极宫，后常居于此殿。

唐　永泰公主墓壁画《宫女图》

武德殿
WUDEDIAN

　　西内宫殿，建于隋，位于两仪殿之东，与东宫相邻。殿院前有武德门，左右有东西门。贞元四年（788 年）筑垣墙。武德殿为太极宫重要宫殿之一，隋文帝曾在此殿大会群臣，宣布废太子勇为庶人。隋末义宁元年（617 年），李渊领兵入长安，立杨侑为恭帝，自为大丞相，丞相府即设于此。唐初，齐王元吉亦居此殿后院，故贞观十六年（642 年）唐太宗欲令魏王泰入居此殿，魏徵上书谏说："王为爱子，不可使居嫌疑之地。"高祖、太宗常在此殿举行大射礼，并欢宴少数民族使者。先天元年（712 年）八月，玄宗即帝位之初，就在此殿听政。僖宗晚年居住并薨于此殿。昭宗居住于西内，曾在此殿听政。时人曹松《武德殿朝退望九衢春色》诗有"玉殿朝初退，天街一看春。南山初过雨，北阙净无尘。夹道夭桃满，连沟御柳新"之句。

凌烟阁
LINGYANGE

　　绘有功臣图像的楼阁。凌烟阁在太极宫东北隅，位于三清殿之侧。贞观十七年（643 年）二月二十八日，唐太宗为表彰功臣，自写赞词，褚遂良题额，阎立本画像，共绘开国功臣长孙无忌、杜如晦、魏徵、尉迟敬德、程知节、房玄龄、李孝恭、高士廉、李靖、萧瑀、段志玄、刘弘基、屈突通、殷开山、柴绍、长孙顺德、张亮、侯君集、张公瑾、虞世南、刘政会、唐俭、李勣和秦叔宝24人画像，挂于凌烟阁。阁内分三隔，内层挂功高宰辅，中间挂功高侯王，外层挂功臣。画像都面北而挂，以体现君臣之礼。以后唐代皇帝亦多仿此故事。代宗广德元年（763年）七月，绘功臣郭子仪、李光弼等画像；德宗贞元五年（789年）九月，绘褚遂良、李晟等27人画像；宣宗大中二年（848年）七月，绘唐初以来"堪上凌烟阁功臣"的李岘、王珪、戴胄、岑文本、马周、马燧、李憕等37人画像。"立阁图形，荣号凌烟"，是古代王

蔡昌林　《唐开国二十四功臣魏徵像》

朝褒奖功臣的一种重要形式。凌烟阁为一阁楼式建筑，极为雄伟壮丽。唐人刘公兴《望凌烟阁》诗云："画阁凌虚构，遥瞻在九天。丹楹崇壮丽，素壁绘勋贤。霭霭浮元气，亭亭出瑞烟。近看分百辟，远揖误贤仙。图列青云外，仪刑紫禁前。望中空霁景，骧首几留连。"凌烟阁也是唐朝君臣欢庆集宴之处。贞观四年（630年）四月，太上皇李渊听闻擒获突厥颉利可汗，召太宗皇帝与贵臣十余人以及诸王、妃、公主在凌烟阁摆酒宴，酒酣，太上皇自弹琵琶，太宗皇帝起舞，公卿纷纷祝寿，到夜阑时分方散席。陕西省麟游县文化馆藏有宋人游师雄摹刻的唐凌烟阁功臣画像残石。清人刘源绘有《凌烟阁功臣图》。今大唐芙蓉园紫云楼回廊刻绘了大唐24开国功臣图，是陕西历史博物馆蔡昌林的作品。唐凌烟阁遗址约在今西安北城门（安远门）外西侧环城公园东口处。

东宫
DONGGONG

　　皇太子居住的宫室。东宫位于太极宫的东部，始建于隋初大兴城营建之时。其西界太极宫，南接皇城，西临太极宫东墙，北抵西内苑。南北与太极宫齐，长1492.1米，东西宽832.8米，周长4.6千米，面积约1.24平方千米，约相当于今北京明清故宫面积的1.7倍。东宫四周三面有门，南有嘉福门，北有玄德门，西以通训门与太极宫相通。宫内有明德殿、崇教殿、丽正殿、崇文馆、宜春宫等殿阁宫院20余所，建筑极为豪华。宫中建筑形成以中轴为主、左右对称的布局，主要宫殿居于中部，其他殿阁分布于东西两侧。前面部分为太子进行政治活动之处；后面部分为太子生活居住之地。从隋废太子杨勇、隋炀帝杨广到唐隐太子李建成、太宗李世民、废太子李承乾、高宗李治，皆曾在此居住。高宗龙朔三年（663年）以后，太子往往随其父皇居住在大明宫之内少阳院。

懿德太子墓石椁线刻《宫官图》

掖庭宫
YETINGGONG

　　隋唐宫人居住及活动的地方，也是内侍省宦官机构之所在。掖庭宫位于宫城的西部，建于隋初。东接太极宫，南接皇城，西至宫城西墙，北至西内苑。南北与太极宫齐，长1492.1米，东西宽702.5米，周长4.3千米，面积约为1平方千米。掖庭宫为太极宫的一个从属部分，故四面只有东西门，而无南北门。东面以通明门、嘉猷门与太极宫相通。西面偏北处有一西门，曾是太宗释放宫女之处。宫内中部为宫女居住区及犯罪官僚家属妇女配没入宫劳动之处，有众艺台，为教艺之所。掖庭宫南端有内侍省，掌管宫内事务；北端为太仓所在地，是国家粮仓之所在。掖庭宫遗址在今西安市南至西五台，北至自强西路北，东至西北三路附近，西至玉祥门西城墙。1978年，曾在西安城内西五台以西发现昭宗光化二年（899年）六月二十七日所立的《大唐重修内侍省之碑》。

三大内 · 大明宫

大明宫
DAMINGGONG

　　位于唐长安城东北部外郭墙外的龙首原高地上，因在太极宫东北，故称东内，是唐长安城三大宫室中规模最大的一处。贞观八年（634年），唐太宗为太上皇李渊消暑而建，初名"永安宫"。

贞观九年（635年），取"如日之升，则曰大明"寓意，改称大明宫。其间，营建工程因李渊驾崩而停顿。高宗龙朔二年（662年），再次大规模修建，其间几易其名，后复称大明宫。龙朔三年（663年），高宗入主大明宫，从此唐代的政治中心就由太极宫移至大明宫。大明宫北接禁苑，南瞰终南，地势高爽，不仅使殿阁建筑更显巍峨壮观，而且便于控制都城的制高点，京城坊市街陌，俯视如在槛内。广明元年（880年）十二月，黄巢农民起义军曾在此宣布建立大齐政权。唐末大明宫多次遭战乱破坏，天祐四年（907年）废毁。自高宗以后的200多年间，大明宫一直是唐王朝的政治中枢所在。它是中国中古时期规模宏大、建筑最富丽、影响最深远的宫殿群。1957年以来长期进行考古调查和发掘，发现宫殿阁亭遗址40余处。

关于大明宫的平面形状，以往的各种著录都认为是长方形。经考古勘测，其平面南部为长方形，北部为梯形，总体为一南宽北窄的楔形，周长共7.6千米，面积约3.2平方千米。在东、西、北三面，都有与宫

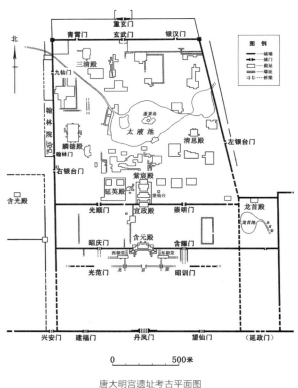

唐大明宫遗址考古平面图

墙平行的夹城。共有11座城门，丹凤门为正门。宫内建筑采取前朝后寝的布局原则，以丹凤门、含元殿、宣政殿等为前朝之地，是皇帝东内举行"外朝"大典和"中朝"会见群臣听政视事之处。紫宸门以内为后寝之地，是皇帝举行"内朝"、引见个别大臣及居寝之处。南北中轴线上，自南至北纵列含元殿、宣政殿、紫宸殿。大明宫北部有以太液池为中心的宫廷园林区。今在其遗址上建有大明宫国家遗址公园。

丹凤门
DANFENGMEN

　　大明宫的正门，位于大明宫南墙的中部，北对宫内正殿含元殿，南对丹凤门南北大街。建于唐高宗龙朔二年（662年），上筑有高大的楼观。初称丹凤门，肃宗至德三载（758年）正月改称明凤门，后又复其原称。丹凤门是唐代皇帝进出大明宫的主要通道，也是皇帝举行改元、登基、大赦等外朝大典之处。肃宗之改元为乾元、上元，德宗之登基大典，以及穆宗、武宗等登基后之大赦之典，都是在丹凤门楼上举行的。同时，皇帝也常在此宴见各国来使与各民族贡使。唐玄宗曾在丹凤楼两次宴见突厥首领，其中开元十八年（730年）时在丹凤楼同时宴

丹凤门遗址发掘现场俯瞰

见了西突厥突骑施与东突厥使者。僖宗广明元年（880年），农民起义领袖黄巢在长安大明宫含元殿即皇帝位后，登丹凤楼，宣告建立大齐政权。唐人俗称丹凤门为"五门"。2005年进行发掘，墩台基座东西长74.5米，南北宽33米；共有5条门道，每条门道宽度约为9米，门道之间隔墙宽3米；门内东、西两侧沿城墙各筑有长54米、宽3.5米的马道；为迄今为止中国考古发现规模最大、门道最多的一座宫门遗址。

含元殿
HANYUANDIAN

大明宫前殿，位于丹凤门正北的龙首原高坡上，是大明宫前朝区的第一座大殿，规模最大。初建于高宗龙朔二年（662年），次年四月竣工，毁于僖宗光启二年（886年）。初称含元殿，唐人李华《含元殿赋》解释它是应和了周易乾坤之说，寓含弘光大之意。含元殿是唐朝皇帝听政之处，与丹凤门御道相配合，是举行外朝大典活动的场所。凡元日、冬至、登基、大赦、受贡、阅兵等大典，

含元殿遗址保护复原工程

皇帝都要登临此殿举行盛大的朝会。"千官望长至，万国拜含元"就是对它的形象描述。遗址高出平地15.6米，由大台、大殿、两阁、廊道、龙尾道和殿前广场组成。大殿台基有3层，高15米多。大殿面阔11间，进深4间，左右接东西向廊道，并分别南折，与建于高台上的翔鸾、栖凤两阁相连。2003年由联合国教科文组织主持实施的含元殿遗址保护工程竣工。

宣政殿
XUANZHENGDIAN

大明宫正殿。与含元殿同建于高宗龙朔二年（662年），位于含元殿正北。宣政殿是皇帝与文武官员议政之地，是举行中朝朝会的场所，地位尊崇。皇帝常在此举行朔（初一）望（十五）朝参、即位、册封太子、受尊号、读时令等重大的礼仪活动。故唐代皇帝凡朔望、大册拜、布时政则临御此殿。如至德二载（757年）十二月甲子上皇李隆基向肃宗传授国玺，宝应二年（763年）七月壬子代宗宣制改元广德，贞元二十一年（805年）正月癸巳

宣政殿复原图（影视资料）

德宗病危会群臣宣皇太子即位遗诏，长庆元年（821年）七月壬子穆宗受尊号"文武孝德皇帝"等，都在宣政殿举行。唐代诸帝，亦常在此殿举行制举考试。考古探测殿址东西长近70米，南北宽40余米，规模略小于含元殿。

紫宸殿
ZICHENDIAN

大明宫三大殿之一。位于宣政殿之北，与含元殿、宣政殿同期建成，属三朝制度中内朝的所在地。皇帝日常一般议事，多在此殿举行，属常朝之所。由于入紫宸殿须经过宣政殿左右的东、西上阁门，故称为入阁。《唐会要·大明宫》载，高宗龙朔三年（663年）四月二十二日，移驾大明宫新落成的含元殿。二十五日，开始御临紫宸殿听政，百官奉贺。除听政外，此殿亦常举行宴见四夷使者、朝集使的活动。如开元十五年（727年），宴突厥使者于此殿。也曾破例举行过元日朝会、册封太子、殿试等礼仪活动。

紫宸殿复原图（影视资料）

麟德殿
LINDEDIAN

大明宫重要便殿，位于大明宫西北部的高地上，因建于高宗麟德年间（664—665年），故名麟德殿。麟德殿坐北朝南，由前、中、后三殿毗连而成，故又称为三殿。在后殿的东西两侧，各建有一楼，东为郁仪楼，西为结邻楼。两楼的南边，又各建有一个亭子，称为东亭、西亭。后殿与楼、亭之间以回廊相连。这种三殿相连的独特建筑风格，殿、楼、亭之间连廊相接的紧密结构，充分体现出唐朝高超的建筑技术。皇帝多在这里宴见群臣、外国及少数民族使者，如长安元年（701年）与三年（703年），武则天曾两次在此殿宴见日本使节粟田真人。此殿亦为皇帝与群臣在内廷击毬、观看乐舞百戏的重要场所。亦为做佛事、办道场、皇帝生日召集儒佛道三教举行辩论的场所。遗址经过两次发掘，台基平面呈长方形，南北长130米，东西宽78米，为上下两层夯土台。中殿东西广9间，加上两山为11间，南北进深5间。现已对遗址进行了复原保护。

保护复原工程后的麟德殿遗址

延英殿
YANYINGDIAN

　　大明宫便殿，位于紫宸殿以西，属于皇帝召见宰相议政以及待制官对见之所。高宗时期所建。延英殿是皇帝在内廷引对朝臣、议论政事的主要殿所。通常是单日召对，双日休朝，也有在遇急事时皇帝和臣下随时在此处议政。从代宗时起，在此听政的制度逐渐形成并固定下来，一直延续到唐末。皇帝每有咨事，或宰臣有所奏启，即在此殿召对，称为"延英召对"。根据唐制，宰相对正殿，皆立而不设座，唯延英殿议事，礼仪从简，乃得座。延英殿亦是举行内宴之处，如代宗宝应元年（762 年）八月丁巳宴宰臣以下、九月戊寅宴郭子仪等，文宗开成元年（836 年）十月庆成节宴，均在延英殿举行。唐后期，皇帝还在此殿宴见吐蕃、回纥、突厥等四夷首领及新罗、渤海等国的使节。

金銮殿
JINLUANDIAN

　　大明宫便殿之一，位于后廷还周殿之西北、长安殿之东北。唐朝皇帝经常在金銮殿与文学之士讲论文字，赋诗唱和，甚至组织人力编撰典籍。《新唐书·李白传》记载：天宝初年，李白至长安，贺知章见其文，言于玄宗，召见金銮殿，论当世事，奏颂一篇。金銮殿是皇帝召见翰林学士的场所，也经常令翰林学士在此起草诏敕，如德宗驾崩之际，仓促召翰林学士郑絪、卫次公等至金銮殿，起草诏书，册立顺宗。

左右朝堂
ZUOYOU CHAOTANG

唐大明宫遗址出土的鎏金铜铺首

唐长安城大明宫含元殿附属建筑。大明宫含元殿左右有两阁，东曰翔鸾，西曰栖凤，两阁下即为朝堂。东朝堂前置肺石，西朝堂前置登闻鼓。朝堂是百官议政与候朝之处。宰相主持朝堂议政，皇帝均不参与。在朝堂举行的政务活动很多，包括上表、待命、决狱、待罪、谢官等。朝堂也是举行重大礼仪的场所之一。每逢元日、冬至要举行大朝会，届时在京文武官员、各国各族使者以及各地朝集使都要参加朝会。文官集于东朝堂，武官集于西朝堂，各国使者与朝集使依次排列。朝堂在礼仪方面的功能更为广泛，诸如册封礼、举哀以及一般宴会。东西朝堂左右相对。1982年对东朝堂进行发掘。据推测，其面阔15间，进深约2间。

三清殿
SANQINGDIAN

  大明宫道教建筑，位于宫内西北部，是供奉道教尊神玉清元始天尊、上清灵宝道君、太清太上老君的宫观。传说此三神居于天外仙境，即玉清、上清、太清，称三清境，故殿以三清之名命之。大明宫三清殿在宫城西北隅凌霄门内，是一处高台建筑，殿基高出地面14米，基坛规模宏大。1982年进行发掘，平面形状为长方形，南北长73米，东西宽47米多，基坛向上有收分。出土遗物有砖瓦建筑材料，还有很多琉璃瓦、鎏金铜泡钉、鎏金龙首环形器、鎏金花瓣形铜饰片等，可以想见当时装饰的金碧辉煌。

三清殿复原图（影视资料）

翰林院
HANLINYUAN

  大明宫官署，位于右银台门内，麟德殿西重廊之后。唐玄宗开元初始置翰林院，以张九龄、张说、陆坚等掌四方表疏批答，应和文章，号"翰林供奉"。朝廷专门征召在文学、艺术、经学、宗教、科技工艺等方面具有卓越才能的人士而设置，也是翰林学士草拟诏制的重要机构。开元二十六年（738年）改翰林供奉为学士，在翰林院之南，别置学士院，专掌内廷书诏。唐德宗时，在金銮殿之西又新建了一座学士院，因在原来的翰林学士院之东，故称东翰林学士院。综上，大明宫共有3处翰林院。由于距离皇帝寝殿较近，在翰林院供职的供奉和待诏可以很方便地进入宫内，迅速应诏。李白、吴道子、元稹、白居易、柳公权等人曾在翰林院任职，甚至还有外国围棋高手在此供职。1983—1984年发掘出翰林院南部遗迹，清理出5座房屋建筑基址及砖道等遗迹，与《唐会要》《唐两京城坊考》"翰林院北厅五间，中隔花砖道"的记载相吻合。

大明宫池苑，位于大明宫后寝区中部。始凿于太宗贞观年间，高宗龙朔二年（662年）正式使用。宪宗时期又征调宿卫禁军进行疏浚，并环太液池修建长廊400余间。池分东西两部，中间以渠道相连。池中有蓬莱、瀛洲、方丈三岛。蓬莱岛上修有太液亭，雕梁画栋，金碧辉煌，供皇帝与嫔妃或近臣饮酒宴乐、吟诗撰赋之用。据考古踏勘，西池面积较大，东西最长处484米，南北最宽处310米，池底最深处距现代地表达5米左右。池内现存的蓬莱岛高出地面5米左右。另外在蓬莱岛以西发现一座南北长约70米、东西宽50米的岛屿。东池面积较小，池中现存一处建筑基址。考古发掘工作主要围绕西池展开，发掘出池岸、道路、宫殿、廊庑、水榭、人造景园以及蓬莱岛南部的临池遗迹等。另外，还出土大量砖瓦、瓷器、唐三彩、铜饰件、石雕以及精美的透雕翼龙石栏板等。

太液池遗址发掘现场

唐代地方进京朝觐官员及外族使节来京的接待之处。代宗年间，事多留滞，外国来使、少数民族觐见、州郡上计，来长安者众多，都要在京师延误时日，有的竟终岁不得发遣。代宗乃于大明宫西右银台门内置客省，安置四方使者，上书言事者、失职未叙者，也安置于此。经数十年，常有数百人居其间，其部属、畜产动以千计，而花费由度支廪给，其费甚多。至大历十四年（779年）七月，德宗令疏理客省，事未毕者促之，事竟者遣之，当叙官者任之，每岁节省费用数以万计。

三大内·兴庆宫

兴庆宫
XINGQINGGONG

　　唐长安城三大内之一，因位置在大明宫南，又称南内。开元二年（714年），唐玄宗将称帝前在隆庆坊与诸兄弟居住的"五

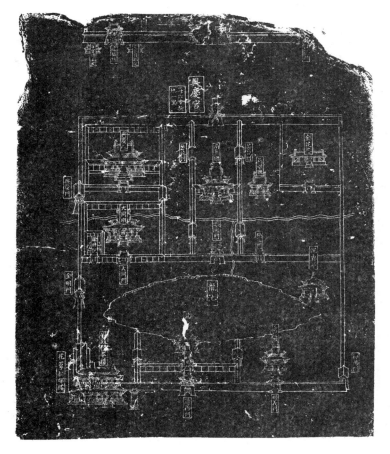

宋刻兴庆宫全图

王子宅"改建为宫。开元十四年（726年），又取永嘉、胜业坊之半进行扩建。同时还沿长安外郭城东墙西侧，修筑北通大明宫、南通芙蓉园的夹城。新宫因坊为名，讳隆为兴，称兴庆宫。初为离宫，开元十六年（728年），唐玄宗由大明宫移入兴庆宫听政，遂使这里成为开元、天宝年间的政治中心。兴庆宫平面呈长方形，东西宽1080米，南北长1250米，面积1.35平方千米。四垣均设有门，正门兴庆门朝西开。兴庆宫的布局不是按照中轴线对称设置，显得自由奔放、错落有致。建筑大多是高大壮观的楼宇，豪华富丽。宫内由隔墙分南北两部分。北部为宫殿区，主要有兴庆殿、南熏殿、大同殿等。南部为皇帝宴游的园林区，以龙池为中心，西南隅建有著名的勤政务本楼、花萼相辉楼，龙池东侧建有沉香亭。唐玄宗和爱妃杨玉环常在此处宴乐，盛极一时，留下了许多逸闻趣事。安史之乱以后，兴庆宫不再作为政治中心，退位太上皇或者皇太后多在此居住。今遗址上建有兴庆宫公园。

兴庆殿
XINGQINGDIAN

唐长安城兴庆宫的正殿，在兴庆门内，位于宫城西北隅。天宝十三载（754年）二月九日，唐玄宗御兴庆殿，受群臣上"开元天地大宝圣文神武孝德证道皇帝"尊号。至德三载（758年）二月乙巳，肃宗御兴庆殿奉册上皇徽号"太上至道圣皇大帝"。

勤政务本楼
QINZHENG WUBENLOU

　　兴庆宫主要殿阁之一，位于宫城西南隅靠近南墙处，距宫城西墙 125 米。建于开元八年（720 年），后经多次扩建修葺。开元二十四年（736 年）十二月，毁东市东北角、道政坊西北，以广勤政楼前。元和十四年（819 年）三月，令左右军官健 3000 人修勤政楼。大和三年（829 年）十月又重修之。楼二层，南向。据考古探测，楼建在南面内外两重宫墙的中间，从"夹城"便可登楼。楼址呈长方形，东西宽 26.5 米，南北长 19 米，广 5 间，进深 3 间，面积达 500 余平方米。楼基正中的一间宽 4.9 米，为通行的门道。其两侧各 2 间，向外与宫墙相接。从楼基的形制看，如一座城门楼式的建筑。玄宗以勤于政事、励精图治之意，取名为勤政务本楼。此楼相当于兴庆宫的正殿，凡改元、大赦、受俘等大典活动均在这里举行，如公元 742 年唐玄宗改元天宝，宣布大赦天下，天宝十三载（754 年）三月，北庭都护程千里献俘阿布思，同年十月一日玄宗亲试四科制举人等，都在此殿举行。勤政务本楼是玄宗在南内"以修政事"的主要听政视事之处，同时亦常在此与百官举行宴乐百戏。

鎏金舞马衔杯纹银壶

每逢上元之夜，玄宗在此楼设乐观灯，贵臣戚里，皆借看楼观望。《旧唐书·玄宗纪》载：开元二十八年（740年）正月十五日，"以望日御勤政楼宴群臣，连夜烧灯，会大雪而罢，因命自今常以二月望日夜为之"。每年八月五日玄宗诞日千秋节，则酺饮楼前，百官献寿。届时大陈仪仗，胜列百戏，除教坊表演的山车、旱船、寻橦、走索、丸剑、角抵等百戏之外，又引大象、犀牛、舞马入场为戏。唐人王建《楼前》诗云："天宝年前勤政楼，每年三日作千秋。飞龙老马曾教舞，闻著音声总举头。"另有宫女数百人，饰以珠翠，衣以锦绣，自帷中出，击雷鼓为破阵乐、太平乐、上元乐。由于勤政楼临近宫墙，玄宗在楼欢宴举乐，"纵士庶观看，百戏竞作"，以致"人物填咽，金吾卫士白棒雨下，不能制止"。遗址在今西安兴庆宫公园内西南隅。

花萼相辉楼
HUAE XIANGHUILOU

兴庆宫主要殿楼之一，位于宫城西南隅靠近西墙处，与勤政楼相近。开元八年（720年）建，开元二十四年（736年）六月又加以扩建。花萼楼建筑高大豪华，王諲《花萼楼赋》云："于城之陬，建此飞楼，横逦迤而十丈，上崚嶒而三休；仰接天汉，俯瞰皇州。"楼内"金铺珠缀，画拱交映，飞梁回绕，藻井倒垂"。楼名取《诗经》"花复萼，萼承花，互相辉映"之义，象征兄弟之间相扶相助。当时宁王宪、薛王业、岐王范、申王㧑的宅第相望，环绕于宫侧。《长安志》载："帝时登楼，闻诸王音乐，咸召升楼，同榻宴谑。"诸王兄弟每5日朝于侧门，玄宗与其登楼纵饮，击

窦培德　罗宏才《花萼相辉楼复原图》

毬斗鸡，或赏乐赋诗。玄宗曾御花萼楼上元观灯，陈设鱼龙百戏，百姓聚观楼下，欢声如雷。王諲《花萼楼赋》记其盛况说："献春之望，严更罗守。月上南山，灯连北斗，鱼启钥于楼上，龙衔烛于帐口，帝城纵观而驾肩，王宫望瞻而仰首。鼓吹更落，琴笙夜久。清歌齐升而切汉，妙舞连轩而垂手。"每逢千秋节诞日，玄宗亦宴百僚于此楼。《旧唐书·玄宗纪》载：开元十八年（730年）八月丁亥，"上御花萼楼，以千秋节百官献贺，赐四品以上金镜、珠囊、缣彩，赐五品以下束帛有差"。其时，宫女还在楼下踏歌连袂为舞，故唐人张说《踏歌词》云："花萼楼前雨露新，长安城里太平人。龙衔火树千灯艳，鸡踏莲花万岁春。"又张祜诗云："八月平时花萼楼，万方同乐奏千秋。"天宝元年（742年）九月辛亥，玄宗在此楼宴突厥降者，赏赐甚厚。

沉香亭
CHENXIANGTING

位于兴庆宫内兴庆池东北，因用沉香木建成，故称沉香亭。亭前盛植花卉，其中有从禁中移来的红、淡红、紫、纯白四色木芍药（又称牡丹），并植有朝则深红、午则深碧、暮则深黄、夜则粉白、一日花色数变的珍贵名品。玄宗与杨贵妃等常在此设乐置宴赏花。李白《清平调》词曰："名花倾国两相欢，长得君王带笑看。解释春风无限恨，沉香亭北倚阑干。"就描写了皇帝与贵妃在此赏花的情景。

兴庆宫沉香亭

龙池
LONGCHI

　　兴庆宫内池名，位于兴庆宫南面的中部。原为隆庆坊内一块平地，垂拱、载初年间（685—689 年），因雨水积涝而成小池，称隆庆池。大足元年（701 年），李隆基等兄弟五王赐宅于此坊，故池又俗称五王子池。后引龙首渠分浐水注之，此池日益扩大，至中宗时已弥亘数顷，深数丈。传说此池常有云气，并有黄龙出现，是李隆基当皇帝的预兆，故开元二年（714 年）此坊建宫后，改称此池为龙池。池东西长 915 米，南北长 214 米，面积 19 万多平方米，呈椭圆形状。池中荷菱藻茨弥望，岸旁多垂柳，岸南还有一种芯红叶紫的草，可以醒酒，名为"醒醉草"。龙池是南内以水面湖色为主的风景园林区，唐玄宗与嫔妃僚臣等常在此泛舟游宴为乐。唐人蔡孚《享龙池乐章》云："帝宅王家大道边，神马龙龟涌圣泉。昔日昔时经此地，看来看去渐成川。歌台舞榭宜正月，柳岸梅洲胜往年。莫言波上春云少，只为从龙直上天。"

皇城与官署

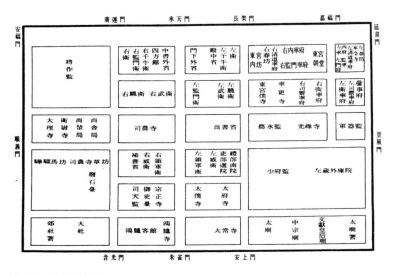

清 徐松《长安皇城图》

　　隋唐长安城中央官署所在地，俗称子城。创建于隋开皇二年（582年）。皇城平面呈规整的长方形，紧附在宫城南侧。北面无墙，与宫城以横街相隔，其余三面夯筑3丈5尺（合今10.3米）高的墙，东西两面城墙乃宫城城墙向南之延伸。《唐六典》记载："东西五里一百一十五步（合今2815.5米），南北三里一百四十步（合今1793.4米）。"经考古实测东西为2820.2米，南北1843.6米，面积约5.2平方千米。皇城共有7门。其中南面3门，中为朱雀门，东为安上门，西为含光门。正中的朱雀门，北通宫城正门承天门，南通外郭城正门明德门。东面2门，南为景风，北为延喜。西面2门，南为顺义，北为安福。皇城北与宫城以横街相隔。此横街东出皇城延喜门，西出皇城安福门。皇城内有东西向街7条，南北向街5条，"各广百步"。以南北向的承天门街为中心，百僚廨署列置其间，太庙和太社分别设在皇城的东南和西南隅。隋大兴城皇城的建立改变了过去都城内中央衙署与民宅混杂的状况。

含光门
HANGUANGMEN

　　皇城南面偏西门，东距朱雀门660米，西距西南城角690米。建于隋初。门上有楼观，门下开三门洞。门内之东，为鸿胪寺与鸿胪客馆所在地；门内之西，是祭祀土地五谷神的大社和郊社署。门内有直抵宫城前的南北通衢大街（即今西安城内甜水井街至洒金桥街南段），门外有直抵南郭城的南北通衢大街（即今西安城南含光路）。唐末昭宗天祐元年（904年）正月，长安城遭军阀朱全忠严重破坏，昭宗被迫迁往洛阳。同年三月，佑国节度使韩建缩小城区范围，以皇城为基础改建长安城，封闭了含光门的中门洞和西门洞，仅保留了一个东门洞继续使用。北宋哲宗元祐之后，含光门洞全部封闭。1984年修葺西安城墙时，发掘出此门三门洞，并发现门洞石门槛等遗物与门柱遗迹。1986年在对含光门遗址的考古发掘中，测得门址东西长37.4米，南北宽19.6米。中间开三门洞，中门洞宽5.72米，东西两门洞均宽5.35米。门洞两侧各有柱础石 15 个，础石上原立有排叉柱，用以承重，架设过梁。内为夯土版筑，外包青砖，木构"过梁式"门道。另外，在含光门遗址中心西侧 73.7 米处发现一个高近 3 米以砖砌成的过水涵洞。唐含光门三门洞与过水涵洞遗址，现包封在今城墙内，辟为西安唐皇城墙含光门遗址博物馆。门址在今西安南城墙甜水井街南口（现亦名含光门）处。

承天门街 CHENGTIAN MENJIE

唐长安皇城中央南北大街。北自宫城承天门外横街之南，至于皇城朱雀门。街宽百步，约合今 147 米。街旁两侧有整齐浓密的行道槐树，故亦称槐街。街址约在今西安城内南北广济街。

尚书省 SHANGSHU SHENG

官署名。武德初，因隋旧制，为尚书省。高宗龙朔二年（662 年）二月四日改称中台，咸亨元年（670 年）复旧。武后光宅元年（684年）改称文昌台，次年改称都台，长安三年（703 年）又改称中台。中宗神龙元年（705 年）复称尚书省。尚书省是中央执行政务的总机构。尚书省长官置尚书令一人，正二品，为唐朝宰相，职在典领百官，统辖六部，总揽政务。由于唐初太宗为秦王时曾任此职，自是缺而不置，以其副职左右仆射各一人为本省实际长官。左右仆射，从二品，后于龙朔二年改称左右匡政，光宅元年改为文昌左右相，开元元年（713年）改为左右丞相，天宝元年（742年）复为左右仆射，唐初亦居宰相之位。但自睿宗景云二年（711年）十月以后，左右仆射需加"同中书门下三品"的名号，方为宰相。下设左丞一人，正四品上；右丞一人，正四品下；左右司郎中各一人，从五品上；左右司员外郎各一人，从六品上。另有主事、令史、书令史、亭长、掌固等多员。省署在都城长安皇城从北第三横街之南承天门街东从西第一处。省内当中有都堂，即总办公厅，下分六部二十四司。其中都堂之东，吏部、户部、礼部十二司，左司统之；都堂之西，兵部、刑部、工部十二司，右司统之。旧户部在礼部后，武后改从天地六官之名，以户部为地官，因移在前。天宝六年（747年）十二月丙寅，玄宗命百官阅全国各地岁贡物于尚书省。乾宁二年（895年）八月，昭宗为避王行瑜、李茂贞出奔南山返归京师，时官室焚毁，未暇完葺，寓居于尚书省。遗址在今西安城钟楼西北隅，南至西大街，东至北大街，北至北院门街中段，西至北广济街中段之间。

唐玄宗御书《石台孝经碑》

中书省
ZHONGSHU SHENG

　　官署名。武德初，因隋旧制，称内史省，武德三年（620 年）改为中书省。其后名称屡有变更。中书省典掌机要，提草诏敕，是中央最高的决策机构。其长官为中书令 2 人，为唐朝宰相之一，其名称亦屡有变更。正三品，代宗大历二年（767 年）升正二品。中书令佐天子执政，总判省事。下设侍郎 2 人、舍人 6 人、右散骑常侍 2 人、起居舍人 2 人、通事舍人 16 人、主书 4 人、主事 4 人，另有右谏议大夫、右补阙、右拾遗、令史、典谒、亭长、掌固等多人，额至 54 员。中书省领集贤院、史馆、知匦使等。中书省署在都城长安分置于皇城和宫内。在皇城从北第一横街之南、承天门街之西，称中书外省。宫内之处称中书内省：在西内太极宫，位于右延明门外，在太极殿西侧；在东内大明宫，位于宣政殿西侧西廊月华门外。

门下省
MENXIA SHENG

　　官署名。武德初，因隋旧制，为门下省。高宗龙朔二年（662 年）改为东台，咸亨元年（670 年）复为门下省。武后光宅元年（684 年）改为鸾台。中宗神龙时复旧。玄宗开元元年（713

年）改为黄门省，五年（717年）复为门下省，迄于唐末。门下省与中书省同掌机要，共议国政，为审议机关，凡中书省起草的诏令，由其审议，有封驳之权。门下省长官侍中2人，为唐朝宰相之一，其名称屡有变更。武德初，因隋之制称纳言，四年（621年）改为侍中。龙朔二年改称东台左相，咸亨元年复称侍中。光宅元年改为纳言。神龙元年（705年）复称侍中。开元元年改为黄门监，五年九月复旧。天宝元年（742年）称左相。至德二载（757年）复称侍中。本正三品，代宗大历二年（767年）升为正二品。《旧唐书·职官志》载："侍中之职，掌出纳帝命，缉熙皇极，总典吏职，赞相礼仪，以和万邦，以弼庶务，所谓佐天子而统大政者也。凡军国之务，与中书令参而总焉。"下设门下侍郎2人，正三品，大历以后，因侍中不再单置，门下侍郎即为本省实际长官；左散骑常侍2人，正三品下；左谏议大夫4人，正四品下；给事中4人，正五品上；录事4人，从七品上；主事4人，从八品下。另有令史、书令史、甲库令、传制、亭长、掌固等多人，额至38员。门下省领弘文馆。门下省在长安分置于皇城与宫内。门下外省位于承天门外东侧，即皇城从北第一横街之南、承天门街之东，与中书外省相对而置，旧址约在今西安城北广济街中段之东。宫内之处称门下内省：西内太极宫者，在左延明门外，位于太极殿东侧；东内大明宫者，在宣政殿东廊日华门外。

鸿胪客馆
HONGLUKEGUAN

鸿胪寺用以接待各少数民族使者与国外来宾的馆舍。《长安志·皇城》载为"四夷慕化及朝献者所居焉"。在京师皇城南面鸿胪寺之西。馆舍规模极大，穆宗长庆元年（821年）五月，太和公主出嫁回鹘，鸿胪客馆一次接待回鹘迎亲使团达573人。唐朝政府为此每年拨粮1.3万斛专充招待费用。旧址约在今西安城含光门内之东甜水井街至四府街南段。

唐 章怀太子墓壁画《客使图》

国子监
GUOZIJIAN

　　唐代中央教育主管机关。武德初为国子学，隶太常寺。贞观元年（627 年）五月析出改置国子监。龙朔二年（662 年）改为司成馆，咸亨元年（670 年）复为国子监；光宅元年（684 年）改为成均监，神龙元年（705 年）复为国子监。置祭酒 1 人，从三品；司业二人，从四品下。祭酒、司业之职，掌儒学训导之政，领国子学、太学、四门学、律学、书学、算学等。有丞 1 人，从六品下，掌判监事，并与祭酒、司业莅试学生；主簿 1 人，从七品下；此外还有府 7 人，史 13 人，亭长 6 人，掌固 8 人等。国子监署在皇城安上门外务本坊西半部，街北抵皇城，南尽一坊之地。监中有孔庙，贞观四年（630 年）立。旧址约在今西安城南门（永宁门）外东侧南关正街北段之东至柏树林一带。

京兆府廨
JINGZHAOFUXIE

　　唐都长安及京畿地区的行政官署。隋称京兆郡，唐武德元年（618 年）改称雍州。天授元年（690 年）改称京兆郡，同年复旧。开元元年（713 年）改为京兆府。除领万年、长安两京县外，还管辖着咸阳、兴平、云阳、泾阳、三原、渭南、昭应、高陵、同官、富平、蓝田、户县、奉天、好畤、武功、醴泉、华原、美原等 18 个畿县。不过京兆府所辖县数时有变化，最多时达 20 多县。京兆府置牧 1 人，从二品；尹 1 人，从三品；少尹 2 人，从四品下；司录参军 2 人，正七品；录事 4 人，从九品上；功仓户兵法士等六曹参军事各 2 人，正七品下；府史、参军事 6 人，正八品下；此外还有执刀 15 人，典狱 11 人，问事 12 人，白直 24 人，经学博士 1 人，助教 2 人等。京兆牧"掌清肃邦畿，考核官吏，宣布德化，抚和齐人，劝课农桑，敦敷五教"，是京辅地区的最高行政长官。唐初以来，多以亲王任之，从不轻授于人臣，如太

唐 长乐公主墓壁画《仪卫图》

宗为秦王、中宗为英王、睿宗为相王时都兼领此任。但亲王仅为居阁而遥领，实际府政由京兆尹主之。京兆尹"纲纪众务，通判列曹"，总理府内各种事务，是长安地区的实际行政长官。司录参军与录事，掌勾稽、省署钞目，监符印；功曹参军掌官吏考课、祭祀、道佛、学校、表疏、医药、陈设之事；仓曹参军掌公廨、度量、庖厨、仓库、租赋、征收、田园、市肆之事；户曹参军掌户籍、记账、道路、逆旅、户婚、田土之事；兵曹参军掌武官选举、

兵甲器仗、门户管钥、烽候传驿之事；法曹参军掌刑法；士曹参军掌津梁、舟车、舍宅、百工众艺之事。市令掌市廛交易、禁斥非违之事。经学博士掌以五经教授诸生等。京兆府廨在长安外郭城朱雀街西光德坊东南隅，旧址约在今西安城西南郊太白北路中段路西边家村。府内廨署，建于隋开皇年间，其后随事改作。开元元年（713年），孟温礼为京兆尹，奏请以赃赎钱进行修缮。宣宗时，韦澳为尹，又赐钱加以修葺。

万年县廨
WANNIANXIANXIE

官署名。隋称大兴县。唐武德元年（618年）改为万年，乾封元年（666年）分置明堂县，长安三年（703年）复并万年县，天宝七载（748年）改为咸宁县，乾元元年（758年）复称万年。属京县，隶于京兆府，与长安县分治长安城。万年县领治朱雀街以东以及长安城东郊地区。设令1人，正五品上；丞2人，从七品；主簿2人，从八品上；录事2人，从九品下；另有佐、史、尉、司功、司仓、司户、司兵、司法、司士、典狱、问事、白直、博士、助教等属官。万年县廨在外郭城宣阳坊东南隅。县舍门屋，皆隋初宇文恺所造。武后女太平公主出嫁薛绍之日，曾于县廨设婚席，以其县门隘窄不能容翟车，欲毁之。高宗敕曰："宇文恺所造，制作多奇，不须毁拆也。"万年县廨遗址约在今西安和平门外友谊东路解放军第四五一医院处。

长安县廨
CHANG'ANXIANXIE

　　官署名。属京县，隶于京兆府。长安县与万年县分治都城长安，长安县领治朱雀街以西及长安西郊地区。乾封元年（666年）分为乾封县，长安三年（703年）复为长安。设令1人，正五品上；丞2人，从七品；主簿2人，从八品上；录事2人，从九品下；尉6人，从八品下；另有司功、司仓、司户、司兵、司法、司士、典狱、问事、白直、博士、助教等官吏。县令掌导风化，察冤滞，听狱讼，总领县政。长安县廨在外郭城朱雀街西长寿坊西南隅，隋开皇三年（583年）所建。遗址约在今西安城南蒋家寨以北处。

外郭城
外郭城
WAIGUO CHENG

　　唐长安的外围城墙，又名罗城。外郭城北靠龙首原，以宫城、皇城为中心，分布在东、南、西三面，北面与宫城北墙齐。外郭城墙初建于隋初开皇二年至三年（582—583年），但因既非重点工程，又工程浩大，并未完工。后经隋大业九年（613年）、唐永徽四年（653年）和五年（654年）、开元十八年（730年），多次修筑而成。墙为夯土版筑，高1丈8尺（约合5.3米）。《长安志》记其长度为：东西一十八里一百一十五步（合今9694.65米），南北一十五里一百七十五步（合今8195.25米），周六十七里（合今35456.4米）。考古实测数为东西9721米，南北8651.7米，周长约36745米。平面形制为东西略长、南北略短的横长方形。范围约在今西安东至东郊胡家庙与长乐公园以西，南至南郊杨家村与陕西师范大学，西至西郊大土门村，北至北关自强路之间。每面开3门，共12门。南面中间正门为明德门，东为启夏门，西为安化门；东面中为春明门，北为通化门，南为延兴门；西面中为金光门，北为开远门，南为延平门；北面3门，在宫城以西，实际上是禁苑的南门，中为景曜门，东为芳林门，西为光化门。外郭城之内，有东西向14条大街，南北向11条大街，以及由此25条大街纵横交错分割的108坊（玄宗开元后为109坊）和东西两市，是都城中商业市场、寺庙及居民住宅的分布区。街衢宽敞笔直，坊里棋布栉比，规制严整，布局整齐。唐末天祐元年（904年）昭宗东迁洛阳后，佑国节度使韩建缩小城区，放弃外郭城，遂逐渐废毁。

六街
LIUJIE

唐长安城中的主干大街。外郭城中有端直排列、彼此平行或相互交叉的25条通衢大街，其中南北向11街，东西向14街，在这些大街中，以通南郭城门的3条南北大街，即朱雀门—明德门街、启夏门—兴安门街、安化门—芳林门街，与通东西郭城门的3条东西大街，即春明门—金光门街、通化门—开远门街、延兴门—延平门街，合称"六街"。此六街皆通郭城门，为都城的主衢大街。街宽除延兴门—延平门街约为 55 米之外，其余各街均在 100 米以上。唐时都城实行夜禁制度，六街皆置街鼓，每日晨暮要随承天门鼓声敲击警众。暮鼓之后，各坊市城门尽行关闭，街衢禁断人行，故《辇下岁时记》载："六街鼓绝行人歇，九衢茫茫空有月。"

朱雀门街
ZHUQUEMENJIE

朱雀大街南北车辙近景

　　亦称朱雀大街，唐长安外郭城中央南北向大街。北自皇城南面朱雀门，南至外郭城南面的明德门。南北长九里 175 步，约合 5020 米；东西宽 100 步，约合 147 米，实测 150~155 米，笔直宽阔。

街衢坚实平整，路面中部略高，两侧较低，略呈弧形，两旁并修有宽约 3 米的排水沟，以便及时排除雨水。此街为万年、长安二县东西分治的界线，万年县治街东地区，长安县治街西地区。现西安城朱雀门南恢复修建的朱雀大街位于隋唐朱雀大街的西部。

丹凤门街
DANFENGMENJIE

唐长安城大明宫丹凤门前的南北大街。本为翊善坊、永昌坊之地，唐高宗龙朔时修建大明宫，在丹凤门前分此两坊各为二坊，中开丹凤门街。《长安志》载，丹凤门街南北尽二坊之长，约1200 余米；宽 120 步，约合 176.4 米。这条垂直于大明宫前的纵街，是长安城中南北通道中最宽的一条，实际上是丹凤门前的一大宫廷广场。

开远门
KAIYUANMEN

亦名安远门，唐长安外郭城西面偏北门。建于隋初，唐永徽五年（654 年）上建楼观。门外建有月坛、白帝坛。开远门东与皇城安福门相直，西有通往西域的大道。门外竖有立堠，上题"西极道九千九百里"，不言万里，以示远旅之人不为万里之行。此为唐代长安去西域的丝绸之路的起点。由于此门接近宫城、皇城，皇帝来去常经这里。至德二载（757 年）

十二月，上皇李隆基自蜀返都，即由此门而入；而德宗避朱泚、僖宗避黄巢起义军，也都是由此门出奔的。故址在今西安西郊大土门村。

唐三彩牵骆驼胡俑

唐长安城正南门名。位于外郭城南面中部，西至西南城角4680米，北对皇城朱雀门与宫城承天门。建于隋初，唐高宗永徽五年（654年）上建城门楼观。据考古探测，明德门东西55.5米，南北17.5米，面积866.25平方米，由此推知门上楼观东西11间，南北3间，建筑极其高大宏伟，等级很高。明德门是外郭城最大的一座城门，下开5门道，较外郭其他城门多出2门道。门道皆宽5米，进深18.5米，每个门道都可以同时并行两车。正中的1个门道，为皇帝通行的御道，门槛制作精致，雕刻有流畅的卷草花纹，顶面还有一浮雕的卧狮；门外道东 2 里有圜丘坛。明德门遗址在今西安南郊杨家村西南约 80 米处，其两端的 2 门道为车马出入通行的，其次 2 门为行人通行，中间门道专供皇帝每年南郊"郊祀"和其他出行时使用。明德门所对的朱雀大街属于长安城内主干道"六街"之一，宽达 155 米，为古今世界都城中所仅见。明德门遗址经过考古发掘，现原址覆土保护。

夹城
JIACHENG

　　唐长安城沿城壁所修的复道。外郭城夹城有 3 段：玄宗开元十四年（726 年），自兴庆宫傍郭城东壁筑夹城，北通大明宫；开元二十年（732 年），自兴庆宫沿郭城东壁筑夹城，南通芙蓉园；宪宗元和十二年（817 年），神策中尉第五守进以右神策军 2000 人，沿外郭城北壁筑夹城，自云韶门过芳林门，西通修德坊兴福寺。夹城与外郭城平行，东面复道宽约 23 米。在经过城门时，于城门的两侧以石铺的磴道登城楼越过。夹城专为皇帝潜行往来，不使外人所窥知而建。杜牧诗中有"六飞南幸芙蓉苑，十里飘香入夹城"，描写了唐代皇帝从夹城中南去芙蓉园游幸时的情景。今西安市曲江新区的新开门村，就是唐东夹

唐女俑

城南段入芙蓉园（时名之为新开门）处。另贞元四年（788 年）正月，在皇城东面延喜门，亦筑有夹城。在大明宫宫城北部外围的东西北三面，也有三段相连的夹城。其中东、西夹城与宫城相距 55 米左右，北夹城与宫城相距 160 米。

坊市与宅第

里坊
LIFANG

　　隋唐长安城继承了前代都城百姓居住区按照里坊划分的制度，在外郭城内布置里坊。里坊主要是居住区，也有王公贵族宅第、寺观、官署、园林、家庙等。这些里坊是由外郭城中东西 14 条大街与南北 11 条大街分割而成的。隋至初唐时期，因都城东南隅曲江及其以北未设坊，仅有 108 坊。高宗龙朔二年（662 年），因开辟大明宫以南的丹凤门大街，除皇城正南 36 坊仅开东西两门外，其余里坊四周各开一门，筑有高大的坊墙，坊内以十字街为主，划分出四个区。根据永宁坊东部发掘所知，在坊的东北再设小十字街，可能每个坊四隅都有小十字街，一坊形成 16 个区块，里面再设"巷""曲"相隔，遂构成了长安里坊的最基本格局。各坊面积不一：朱雀大街两侧的 4 列坊最小，南北长 500~590 米，东西宽 550~700 米；皇城两侧的 6 列坊最大，南北长 660~838 米，东西宽 1020~1125 米。长安的里坊之间由左右金吾卫负责昼夜巡警，"坊角有武侯铺"，里坊内置坊正，坊门早晚启闭以鼓声为号。严格的里坊制度，便于加强对居民的管理和控制。

　　长安城朱雀大街西侧的贸易市场，是在隋代利人市的基础上发展而来的。位置在今西安市莲湖区东桃园以东、老糜家桥以西、东桃园桥以北、中国航空器材公司西北分公司以南。西市位于唐长安城皇城西南的外郭城内，与东市以朱雀大街为中轴线对称分布。平面近方形，占两坊之地。文献记载其四边"各方六百步（合

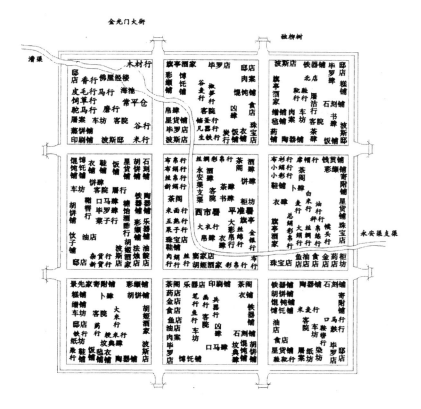

西市行肆店铺示意图

今 882 米）"。考古实测为南北略长、东西略短的纵长方形，南北长 1031 米，东西宽 927 米，比文献记载稍大。市周围筑墙，四面各开 2 门，内有井字形的街道，将市内划分为 9 区，每区都四面临街，设置各种行业的店铺。北面、东面尚存夯筑围墙基址，基宽 4 米，市内有井字形纵横街道 4 条，均宽 16 米。各街两侧均设水沟，有的为砖砌暗道，沟外侧为人行道。临街商业店铺等遗迹，规模不大，面阔 4~10 米，进深 3 米有余，店铺后往往有加工作坊遗迹。发掘出的东北十字街，水沟上有以石条铺砌的石桥。西市与东市并称，是长安城最繁华的贸易市场，还有许多手工作坊。唐代两市的总体布局大致沿袭未变，但工商业的繁荣远远超过了隋代。西市在唐代有"金市"之称，"市内店肆如东市"，也应有 220 行之多，但要比东市更繁荣。西市的店铺和行业，见之于文献记载的，有大衣行、秋辔行、药行、秤行、绢行、麸行、鱼店、酒肆、胡姬酒肆、衣肆、帛肆、凶肆、油靛店、法烛店、煎饼团子店、王会师店、卖饮子药家、食店张家楼，还有应募的善射人、卜者、贩粥者、胡商等。西市还设有一种代客寄存保管或收购、出售金银财物和珍贵物品的商行，叫柜坊。西市有寄附铺，可能兼营寄售和收购贵重财物。西市由于距离长安西大门开远门较近，中外客商云集，有许多来自中亚和西亚的胡商，从而成为一个国际性贸易市场。有以善识珠宝而著称的胡人开设的珠宝店、波斯人开的波斯邸货栈。另外，这里还有西域姑娘歌舞侍酒的胡姬酒肆。李白《少年行》中有"五陵少年金市东""笑入胡姬酒肆中"的诗句。今遗址上建有大唐西市博物馆。

东市
DONGSHI

　　长安城朱雀大街东侧的贸易市场，是在隋代都会市的基础上发展而来的，在今西安交通大学以西、西安铁路局以北的地区。东市位于长安城皇城东南的外郭城内，与西市以朱雀大街为中轴线对称分布。形制与西市相同，考古实测南北长1000余米，东西宽924米，大小几乎与西市相同。部分围墙基址宽6~8米。市东北隅有不规则池址两处，一大一小，可能是文献记载的东市放生池。由于东市靠近皇宫，周围里坊多居住皇室贵族和达官显贵，故"四方珍奇，皆所积集"，工商业共有220行之多。据文献记载，有笔行、铁行、肉行，有饆饠（现亦作"毕罗"）肆、酒肆、凶肆，还有赁驴人、杂戏、琵琶名手、卖胡琴者、货锦绣彩帛者。此外，东市还有雕版印刷的出版行业，已知有

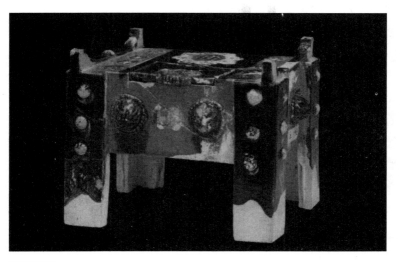

唐三彩钱柜

大刁家和李家。日本高僧圆仁《入唐求法巡礼行记》记载，会昌三年（843年）六月二十七日，东市失火，烧毁东市曹门以西12行4000余家店铺，由此可见当时东市的盛况。

太平公主，高宗女，武后生。先嫁薛绍，绍死，再嫁武攸暨。长安居宅先后有四：一在平康坊，其后敕赐安西都护郭虔瓘，后又并入万安观，宅址约在今西安和平门外长胜街北段；一在兴道坊，没收入官后，赐散骑常侍李令问居住，宅址约在今西安城朱雀门外东侧；一在醴泉坊东南隅，宅址约在今西安城草阳村；一在兴宁坊西南隅，宅址约在今西安城南长安北路北段路东草场坡。

安禄山，营州胡人，天宝初拜骠骑大将军，领平卢、范阳、河东三镇节度使。长安旧宅在兴庆宫南道政坊，宅址约在今西安城外东南西安交通大学校园内。玄宗以其旧宅隘陋，于亲仁坊南街选宽爽之地，出内库钱新造第宅，敕令督造主管只求穷极壮丽，不限财力，建成号称"京城第一"的甲第。天宝九载（750

年），安禄山献俘入京，居住于此宅。宅址约在今西安城南旅馆村。其后又赐永宁坊永宁园为安禄山邸。又，朱雀街西宣义坊有安禄山池亭。后因谋逆叛乱，亲仁坊宅第改为回元观。

![《回元观钟楼铭》拓片]

唐 柳公权 《回元观钟楼铭》

杨国忠宅
YANGGUOZHONG ZHAI

　　杨国忠，本名钊，杨贵妃堂兄。天宝初官拜右相。杨国忠长安居宅在宣阳坊东北隅。天宝年间，杨贵妃得玄宗恩宠，贵妃姊妹分别封韩国夫人、虢国夫人、秦国夫人，三人都有才艺姿色，出入宫掖，同承皇恩，势倾天下。贵妃兄姊竞相兴建豪华壮丽宅第，看到他人宅第超过自己，往往毁弃而建新。虢国夫人宅第居此坊之左，杨国忠宅在其南，与虢国夫人相对。两人之间有私情，昼夜往来，没有规矩和尺度。杨国忠为人固执、浮躁，飞扬跋扈，其私宅成为天下追名逐利之徒纳赂行贿之所。杨国忠与杨家姊妹楼宇相连，在宣阳坊里聚居。宅址约在今西安城和平门建西街东段路南。天宝末年安禄山军陷京师，王维、郑虔、张通等皆受逆贼伪命，唐廷收复两京后，俱因于杨国忠宣阳坊旧第。另一处宅在宣义坊，宅址约在今西安城南吉祥村。构连甲第，土木被缇绣，栋宇之盛，两都莫比。

郭子仪宅
GUOZIYIZHAI

郭子仪，华州郑县人。天宝八载（749年）拜左卫大将军，后平安史之乱及抵御吐蕃有功，德宗时赐号"尚父"，进位太尉、尚书令，封汾阳郡王。皇帝所赐的良田美器、名园佳馆、声色珍玩，堆积盈溢，不可胜数。其宅在长安亲仁坊，规模宏大，宅占其坊的四分之一，家人三千，聚族而居。亲仁坊郭宅异常显赫气派，可能是安史之乱后皇帝所赏赐。亲仁坊原是玄宗父皇睿宗在藩时府邸所在，因而该坊在玄宗朝地位非同寻常。天宝九载（750年），玄宗选亲仁坊为安禄山修建京城首屈一指的甲第，显示出对这位将领的恩宠和笼络。由于郭子仪"元勋既崇，殊赏斯至"，郭家子弟在当时朝野可谓位高权重，其宅第也是权贵汇聚之所，每逢节令，必有宴饮。郭子仪之父郭敬之原来居住在常乐坊，郭子仪的第六子郭暖与代宗升平公主成婚，搬离亲仁坊，在宣阳坊另立门户。但亲仁坊郭宅是维系郭氏家族的大本营，从安史之乱以后一直使用到唐末。刘禹锡有《酬令狐相公亲仁郭家花下即事见寄》诗："荀令园林好，山公游赏频。岂无花下侣，遥望眼中人。斜日渐移影，落英纷委尘。一吟相思曲，惆怅江南春。"宅址约在今西安城南郊瓦窑小区。

唐列戟图壁画

元载宅
YUANZAIZHAI

元载，肃宗时官拜中书侍郎、同中书门下平章事，在长安城南北各有一甲第，一在安仁坊，宅址在今西安城南友谊西路东段路南，宅有芸辉堂。芸辉，香草名，出于于阗。另一别宅在大宁坊，宅址在今西安城东长乐西路路北。又于城南置别墅数十所。大历十二年（777 年）元载因罪死，以其大宁坊、安仁坊二宅充修百司廨署。

白居易宅
BAIJUYIZHAI

白居易，字乐天。初至京师，居于永崇坊东南隅之华阳观，观址在今西安城南雁塔路南段西侧省委大院处。白居易有《永崇里观居》诗。贞元十四年（798 年）授秘书省校书郎，始居于常乐坊，宅址约在今西安城外东南的西安交通大学校园南部。白居易《常乐里闲居偶题十六韵兼寄刘十五公》诗云："茅屋四五间，一马二仆夫。俸钱万六千，月给亦有余。"元和五年（810年），授京兆府户曹参军，居于宣平坊，宅址约在今西安城外东南新后村至祭台村。九年（814 年），授太子左赞善大夫，居于昭国坊，宅址约在今西安城南雁塔路南段长安大学至西安财经学院之间，有《昭国闲居》诗。十五年（820 年），转主客郎中、知制诰，又迁居于新昌坊东街，宅址在今西安城东南郊铁炉庙村。

白居易《题新居寄元八》诗云："青龙冈北近西边，移入新居便泰然。冷巷闭门无客到，暖檐移榻向阳眠。阶庭宽窄才容足，墙壁高低粗及肩。莫羡升平元八宅，自思买用几多钱。"又其《题新昌所居》诗云："宅小人烦闷，泥深马钝顽。街东闲处住，日午热时还。"由于白居易在长安多次迁徙，居无定所，故其《卜居》诗云："游宦京都二十春，贫中无处可安贫。长羡蜗牛犹有舍，不如硕鼠解藏身。且求容立锥头地，免似漂流木偶人。但道吾庐心便足，敢辞湫隘与嚣尘。"从这些诗句可知，小官员之宅大都狭窄简陋，与高官贵族之豪宅不可同日而语。

西安中堡村唐墓出土三彩庭院模型

何家村遗宝

HEJIACUN YIBAO

　　在西安南郊何家村发现的唐代金银器窖藏，位于唐长安城兴化坊内。1970 年 10 月基建工程中发现一个装满金银器的陶瓮，西侧的银罐里也装满器物。随即进行考古发掘，在北侧发现第二个装满珍宝的陶瓮。共出土文物 1000 余件，按种类可分为金银器皿 271 件、银铤 8 件、银饼 22 件、银板 60 件、金银铜钱币 466 枚、玛瑙器 3 件、琉璃器 1 件、水晶器 1 件、白玉九环蹀躞带 1 副、玉带板 9 副、玉镯 2 副、金饰品 13 件。另有金箔、麸金、玉材、宝石及朱砂、石英、琥珀、石乳等物。金器总重量达 298 两，银器总重 3900 多两。何家村遗宝的发现，在考古史上具有重大意义。在唐都长安内发现如此集中、丰富的宝藏还是第一次，也是迄今为止唯一的一次。自 20 世纪 50 年代以来，西安地区发现唐代金银器窖藏约 20 处，无论是数量、种类还是品级，没有一处能比得上何家村窖藏。因此，何家村遗宝的发现，极大地丰富了人们对唐代考古的认识，被誉为半世纪以来一次空前的考古大发现，也被列为 20 世纪中国考古大发现之一。何家村遗宝反映了宫廷贵族丰富多彩的生活，在工艺上代表了唐代的最高水平。器物精美者有乐工八棱金杯、舞伎八棱金杯、刻花金碗、掐丝团花金杯、舞马衔杯纹皮囊式银壶、宝相花银盖碗、双狮莲瓣银碗、双鱼纹银碟、双狐纹双桃形银盘、鸾鸟纹六瓣银盘、狩猎纹高足银杯、蔓草鸳鸯纹银羽觞等。许多器物内底或盖内墨书物品名称、重量或单位。还出土 9 种药物和 40 多件用于炼丹、贮藏的药具。何家村窖藏文物呈现出浓重的多种文化因素，如由粟特输入的素面罐形带把银杯，罗马风格的狩猎纹高足杯，仿照波斯多曲长杯制作的白玉忍冬纹八曲长杯、水晶八曲长杯，日本奈良王朝的"和同开珎"银币，东罗马金币，波斯银币以及蓝宝石、红宝石、琥珀、水晶杯、琉璃碗、镶金玛瑙牛首杯等，因此可以说这是丝绸之路研究史上的一次重要发现。发掘者认为，这批宝藏是天宝十五载（756 年）安禄山叛军攻入长安时，邠王李守礼的儿子李承宁仓促埋藏的。也有研究者认为，唐德宗建中四年（783 年），租庸使刘震因"泾原兵变"而临时处置官府财宝，埋藏于自家宅中。

何家村出土的镶金兽首玛瑙杯

醴泉坊唐三彩作坊
LIQUANFANGTANGSANCAI ZUOFANG

　　唐长安城西市北侧醴泉坊内发现的烧制唐三彩的作坊。1998 年 6 月，西安原西郊机场搬迁后改建住宅楼施工时，出土了许多陶俑、陶马和唐三彩残片。后经文物部门抢救性发掘，共清

理出唐代残窑址4座、灰坑10个，出土了包括三彩残片在内的各
类陶瓷残片万余片及部分玻璃残块和骨器边角料等。4座窑两两
相对，形成组窑的形式。除单纯出土骨制品边角料的1座灰坑外，
其余9座灰坑为沉淀制陶原料的沉淀池，也属于作坊遗迹。出土
遗物除唐三彩外，还包括陶器、制陶工具、窑具、瓷器、玻璃器、
矿物质及相关工具等。由于长安附近不产制作三彩所使用的白色
黏土高岭土，必须长距离运输原材料，必然带来制作成本的提高。
三彩制品笨重且亦破碎，不便长途运输，因此因地制宜，烧造以
当地红胎黏土做原料的唐三彩无疑是明智和有利可图的。该遗址
位于唐长安城醴泉坊内，南临商品贸易的西市，北临金光门—春
明门大街，加上天宝初年坊南侧漕渠的开通，成为设置手工作坊
的良好地段。唐三彩是唐代新出现的一种釉陶工艺，出现于高宗
时期，盛行于武则天、中宗、睿宗和玄宗开元前期，是唐代陶瓷
工艺的杰出代表。唐长安醴泉坊三彩窑址的发现和确认，证实了
长期以来学术界很多学者都曾有过的一个猜测，即长安城附近应
该有烧制三彩的作坊窑址。这是继河南巩义大小黄冶窑及陕西唐
代黄堡窑之后，唐三彩窑址的又一重大发现。

醴泉坊唐三彩窑址

庙坛

太庙
TAIMIAO

　　皇帝的祖庙。开皇二年（582年）隋文帝创建新都大兴城时，曾拆迁汉长安城原前秦苻坚时所建的太庙殿材，在大兴城皇城东南隅营建了隋太庙。唐因隋旧，沿用了隋太庙旧址。武德元年（618年）五月，李渊称帝建庙，即尊奉其前四代祖为宣简公、懿王、景皇帝、元皇帝，奉其神主，立于太庙。此后，每有皇帝死后，即附其神主于太庙。天授元年（690年），武则天称帝并改国号为周。次年，奉其武氏七代神主于东都洛阳太庙，而改西京长安太庙为享德庙，庙中只奉祀唐高祖、太宗、高宗三神主，余室闭锁其门，废其享祀之礼。中宗复位后，于神龙元年（705年）正月，复改长安享德庙为太庙。隋唐长安太庙旧址约在今西安城南永宁门内东侧西安碑林博物馆附近。

大社
DASHE

　　即社稷，亦称太社。坛广5丈，上覆以黄土。大社为封建国家的标志，并为皇帝祭祀土神与谷神的地方。社稷坛分祭土神与谷神，故分为两坛。社坛在东，稷坛在西，两坛相距5丈（合今16.5米）。两坛建制相同，皆方5丈，高5尺（合今1.65米），四面各有5级台阶。社坛四面饰有各方颜色。东为青色，南为赤色，西为白色，北为黑色，坛的中央以黄土覆盖。稷坛不饰方色，坛甃以细砖，上实以净土，以示谷物由此生长。唐大社在都城长安皇城含光门内之西，其南门额为东晋王羲之所题，是隋平陈所得，隋代重以粉墨模之。《旧唐书·礼仪志四》载："仲春、仲秋二时戊日，祭太社、太稷，社以勾龙配，稷以后稷配。社、稷各用太牢一，牲色并黑，笾、豆、簠、簋各二，铏、俎各三。"遗址约在今西安城西南隅甜水井街与穆家巷一带。

圜丘
YUANQIU

　　皇帝祭天之坛。又名圆丘，元代以后也称天坛。隋唐圜丘设于长安城南面正门明德门（隋称太阳门）外道东2里，遗址在今西安南郊天坛路陕西师范大学雁塔校区内。始建于隋，唐代沿用，隋唐皇帝多在此举行祭天活动。据"天圆地方"之说，坛为圆丘以象征天。据记载：坛高3丈3尺，分为4层，每层高8尺有余。上层广5丈，设昊天上帝之神座；二层广10丈，设黄帝、青帝、赤帝、白帝、黑帝五方帝与日、月7座；三层广15丈，设北辰、北斗、天一、太一、紫微五星及以下官55座；四层广20丈，设二十八宿及以下中官135星座。坛下外墙（矮墙）之内，设外官112星座；外墙之外，设众星360座等。唐制规定，每逢登基、冬至、正月上辛及孟夏之时，皇帝都要亲率百官，郊祀昊天上帝于圜丘坛。1999年进行全面清理揭露。遗址为黄土夯筑而成的四层圆坛。从下向上直径分别为54米、40米、29米、20米，逐层递减，层高1.5~2.3米，通高约8米。坛体四周设有十二陛（即登坛的阶道），呈十二时辰状均匀分布，每层皆为12阶。其中午陛（即南阶）比其余十一阶宽，是皇帝登坛的阶道。圜丘坛面、坛壁及阶道均抹有一层白灰面。四周筑圆形墙垣。它是中国现存较早的皇帝祭天礼仪建筑。现原址复原保护。

唐圜丘遗址发掘现场俯瞰

方丘坛
FANGQIUTAN

亦称地坛，为皇帝祭地之坛。坛为方形，建在长安宫城之北14里。《新唐书·礼乐二》："八觚三成，成高四尺，上广十有六步，设八陛，上陛广八尺，中陛一丈，下陛丈有二尺者，方丘也。"《旧唐书·礼仪一》则云："坛制再成，下成方十丈，上成五丈。"上设地祇、神州及五岳、四镇、四渎、四海、五方、山林、川泽、丘陵、坟衍、原隰之位。每逢夏至与立冬之时，皇帝或宰臣都要祭皇地祇于方丘坛。

七太子庙
QITAIZIMIAO

享庙，位于长安永崇坊东街。神龙初，先在此立懿德太子（李重润，中宗长子）庙。天宝六载（747年）又于此立隐太子（李建成，高祖长子）、章怀太子（李贤，高宗第六子）、节愍太子（李重俊，中宗第三子）、惠庄太子（李㧑，睿宗第二子）、惠文太子（李范，睿宗第四子）、惠宣太子（李业，睿宗第五子）庙，与懿德太子列次诸室，同为一庙，故称七太子庙。大历三年（768年），又加靖恭太子（李琬，玄宗第六子）一室。上元二年（761年）二月，礼仪使、太常卿杜鸿渐奏请，让皇帝、七太子庙等停四时享献，每至禘祫之月（每年夏季），则一祭。乐用登歌一部，时献俎樽之礼，同太庙一室之仪。文宗太和四年（830年），七太子及靖恭太子神主庙享停，神主埋瘗。

寺观

慈恩寺与大雁塔
CIENSIYUDAYANTA

慈恩寺是唐长安城最著名的佛寺之一，是汉传佛教法相（或称唯识）宗的祖庭，大雁塔坐落于寺内。慈恩寺建于唐贞观

大雁塔

二十二年（648年），是太子李治（后来的唐高宗）为其母文德
皇后追荐冥福所建，故名"慈恩"。寺占据唐长安城晋昌坊的东
半部，为隋无漏寺旧址。寺选林泉形胜之所，其内"重楼复殿，
云阁洞房"，由10余个院落构成，殿堂房舍总计1897间，规模
十分宏大，且极其堂皇富丽。寺院落成后，太子李治请玄奘法师
首任住持。玄奘在此翻译佛经长达11年之久，慈恩寺因此成为长
安城三大佛经译场之一。玄奘在此创立汉传佛教法相宗，慈恩寺
因此成为法相宗的祖庭。永徽三年（652年），玄奘法师为保护
由印度带回的经籍，请旨在寺内西院修建了5层砖表土心的佛塔。
长安年间（701—704年），改修成方形楼阁式的7层砖塔，即今
天所见的大雁塔。塔高64米，塔南底层券门两侧镶嵌有唐太宗
撰《大唐三藏圣教序》和唐高宗撰《述三藏圣教序记》碑两通，
皆为唐著名书法家褚遂良所书。唐代新进士曲江宴后盛行到慈恩
塔下题名，以夸耀功名。殿宇多饰佛教题材的壁画，有名师阎立本、
吴道子、尉迟乙僧、郑虔、王维等人的真迹。元果院和太真院以
所植牡丹闻名长安。寺内大殿前有南池，所植莲花亦誉满京城。
寺内有长安城最大的戏场，"长安戏场多集于慈恩"，使人流连
忘返。自宋以后，各代对寺院和塔屡有修葺，现在的寺院布局，
大体是明代中叶形成的。

荐福寺与小雁塔
JIANFUSIYUXIAOYANTA

　　荐福寺是唐长安城最著名的佛寺之一，小雁塔坐落于寺内。
唐睿宗文明元年（684年），武则天为薨亡百日的唐高宗追福，

将唐中宗在藩时于开化坊南部（今朱雀大街以东友谊西路北侧一带）的英王宅改建为寺，初名献福寺。武则天天授元年（690年），敕赐荐福寺，并以飞白书亲题寺额。中宗复位后，又大加营饰，并于景龙年间（707—710年），在寺南隔横街相对的安仁坊西北隅大荐福寺别院内，修筑荐福寺塔。唐代高僧义净"仰法显之雅操，慕玄奘之高风"，沿海路西行印度求法25年，带回梵文佛经400余部。义净恰于荐福寺塔修筑时期在此主持译经，由此推断，该塔可能与保存义净从印度带回的佛经有关。荐福寺高僧大德云集，除义净之外，华严宗"五祖"之一法藏、于阗国高僧实叉难陀、南山道宣律师的嫡传法裔道岸、"开元三大士"之一的天竺高僧金刚智、日本求法僧圆仁等都曾在此寺弘扬佛法。荐福寺是长安城中著名的皇家寺院，内有吴道子等名家绘制的壁画。中宗曾多次率群臣巡幸荐福寺。文人雅士常入寺游览、住宿，"壁上曾题尽古人"，留下不少题记。荐福寺的佛教俗讲和佛牙舍利供养非常热闹和隆重，吸引了大量信众和百姓。晚唐时期，荐福寺还是

小雁塔

长安城 4 个戏场之一，表演散乐百戏，成为长安城重要的民间文化场所。会昌五年（845 年）武宗灭佛时，荐福寺是长安城中敕令保护的 4 座佛寺之一。唐末荐福寺毁于兵火，其后该寺在塔院得以重建。荐福寺塔是唐长安城仅存的两座佛塔之一，塔体玲珑秀丽，因比慈恩寺大雁塔略小，故名小雁塔。它是唐代典型的密檐式砖塔，原高 15 级，塔基下设砖砌地宫。在底层南北青石门楣上，保留有精美的唐代线刻天人供养图像和蔓草花纹。小雁塔历经明代数次大地震，几开几合，岿然屹立而始终不倒。现仅存 13 级，残高 43.3 米。

青龙寺
QINGLONGSI

　　长安著名佛寺。隋开皇二年（582 年），文帝创建新都大兴城时，迁葬城内坟墓于郊外，为追荐亡灵，因建灵感寺。寺在乐游原南，位于新昌坊的东南隅（今西安市铁炉庙村北高地处）。唐武德四年（621 年）废，龙朔二年（662 年）复立为"观音寺"，景云二年（711 年）改称青龙寺。盛唐以后，青龙寺成为佛教密宗的主要道场。代宗大历年间（766—779 年），惠果和尚主持寺务，弘扬密教。他深得密宗大师不空的真传，在青龙寺东塔院设立灌顶道场，广授僧徒，受到朝野尊崇。新罗僧人慧日师从惠果，学成归国，广弘密宗。日本"入唐八家"中的 6 人（空海、圆行、圆仁、惠运、圆珍、宗睿）都曾在青龙寺受法。空海得惠果嫡传，回国后建立真言宗，成为"东密"的开山祖师。唐武宗会昌五年（845 年）灭佛时，青龙寺亦遭废毁，次年复立为护国寺。宣宗大中九年（855 年），复称青龙寺。青龙寺是登高远眺的理想之所，唐人朱庆余留有"寺好因冈势，登临值夕阳。青山当佛阁，红叶满僧廊"的诗句。寺院到明代万历时废毁无存。1973—1980年曾多次进行勘察发掘，发现殿堂、回廊及塔等建筑遗迹，出土砖瓦构件及残石佛、鎏金小铜佛、小陶佛塔及石灯台、经幢等佛教遗物。遗址上今建惠果、空海纪念堂和乐游原历史文化公园。

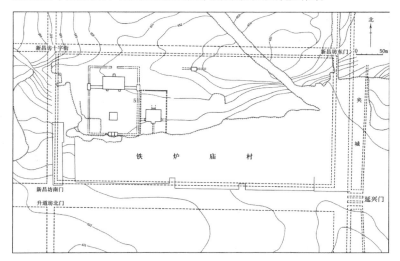

唐青龙寺遗址实测图

唐长安城最著名的佛寺之一，位于延康坊西南隅，今碑林区白庙村一带。显庆元年（656年），唐高宗和武则天为太子李弘病愈建寺，显庆三年（658年）竣工。寺址本隋越国公杨素宅，入唐为濮王李泰宅。据文献记载系仿印度祇洹精舍而造，以绮丽豪华著称于世。寺广350步，周围长数里，凡10院，屋舍4000余间。西明寺在中国佛教史和中外文化交流史上占有重要地位。

唐代一些有影响的高僧，比如律宗的创始人道宣、法相宗的创始
人玄奘、东塔宗创始人怀素都曾在此弘法，中天竺高僧善无畏、
汉传密宗祖师不空在此传播密宗法门，新罗圆测、日本空海等入
唐僧人亦曾在该寺求法。日本古都奈良大安寺，即仿西明寺图样
而建造。武宗会昌灭佛时，西明寺是敕令保护的四座寺院之一。
唐大中六年（852年），改称福寿寺。唐末战乱废毁。1985年、
1992年进行两次考古发掘。发掘面积近万平方米，揭露出该寺最
东部的一组院落基址，出土有鎏金小铜佛像、石灯台、"西明寺"
石茶碾等遗物。

西明寺遗址出土的石佛像头

大兴善寺
DAXINGSHANSI

　　隋唐长安城最著名的佛寺之一，汉传佛教密宗祖庭。始建于
西晋武帝年间（265—290年），初名遵善寺。北周明帝时（557—
560年）扩建，改称陟岵寺。隋建大兴城，从汉长安城一带迁建

于大兴城"九五"贵位高地，占靖善坊一坊之地（今西安城南小寨附近兴善寺街一带），取所在城名和坊名命名，称大兴善寺。隋大兴善寺为国寺，佛殿制度与太庙相同，"寺殿崇广，为京城之最"。寺内建筑富丽，殿宇多饰以名师壁画，唐时有画圣吴道子等人手绘的壁画。寺内设有译场，隋开皇年间，天竺高僧那连提黎耶舍、阇那崛多和达摩笈多先后主持译经，号称"开皇三大士"。唐时不空在此翻译密宗经典多部，故这里号称长安城佛经三大译场之一。这里也是佛教密宗道场，唐开元年间，号称"开元三大士"的印度高僧善无畏、金刚智和不空相继在这里传授密宗。其后在一行和尚住持时，寺僧对天文、数学的研究曾做出重大贡献。寺院在唐高宗总章二年（669年）曾遭火焚，后重新营建。武宗会昌灭佛时，又遭废毁。宣宗时虽有所恢复，其后又多有毁损。现存寺院大致沿袭明代的建置。寺中还保留有隋唐及历代的碑石和唐代的铜像。它既是我国佛教密宗的发祥地，也是中印文化交流值得纪念的地方。

敦煌 323 窟 《隋文帝引昙延法师入朝图》

大庄严寺
DAZHUANGYANSI

　　隋唐长安城著名佛寺之一。始建于隋仁寿三年（603年），是隋文帝为独孤献皇后追荐冥福所建，初名禅定寺。该寺位于隋唐长安城的西南隅，占据永阳坊的东半部，后又将北邻的和平坊的东半部划入。主持修建大兴城的宇文恺因为京城之西有昆明池，地势低下，奏请在此寺修建了高330尺（约100米）、周长120步（约72米）的7层木塔。隋大业三年（607年）隋炀帝为文帝立寺曰大禅定寺，占据永阳坊的西半部，后将和平坊的西半部也划入，并建有与禅定寺高度形制相当的木塔。唐武德元年（618年），改二寺名为大庄严寺、大总持寺。作为皇家寺院，规模宏大，殿宇壮丽，庄严、总持二寺双塔巍然屹立，耸入云端。唐末战乱后，宋元时大庄严寺得以重建。元末兵火使木塔遭到焚毁。明清时期，大庄严寺几经重建，又遭战乱兵火，殿宇颓

隋开皇四年董钦造像

败，规模大不如前。2007年，发掘出院落和大殿遗址，出土建筑构件和经幢残石等遗物。同时采集一隋代舍利石函盖，其上篆书"禅定道场舍利塔下铭"，证明这里就是隋禅定寺。寺址今建有木塔寺遗址公园。

 兴教寺
XINGJIAOSI

唐长安城南著名佛寺，樊川八大寺院之首。唐总章二年（669年），高宗下诏，将高僧玄奘法师灵骨从浐河东岸的白鹿原迁葬于长安城东南樊川少陵原畔，建方形5级灵塔供养，此即为玄奘塔。次年，因塔建寺，以资纪念。唐肃宗至寺参谒，题塔额曰"兴教"，始有兴教寺之名，亦称护国兴教寺。寺内因有玄奘及其两大弟子窥基和圆测的灵塔而闻名。中间最高者为玄奘塔，庄重肃穆，高21米，是我国现存最早的一座仿木结构的楼阁式砖塔。塔的底层北壁镶嵌有唐开成四年（839年）刻的《唐三藏大遍觉法师塔铭》，详细记载了玄奘的生平事迹。玄奘塔前两侧各有一形状、结构相同的3层楼阁式砖塔，分别为窥基塔和圆测塔，高约7米。窥基是玄奘嫡传大

唐兴教寺塔

弟子，俗姓尉迟，是唐朝开国大将尉迟敬德的侄子。他一生致力于阐发唯识宗教义，被赞为"百部疏主"。圆测传为新罗王孙，对唯识宗的经典研究也有很高造诣。兴教寺历代屡有重建修葺，清同治年间毁于兵火，唯 3 座灵塔幸存。民国十一年（1922 年）再度重建，现已修葺一新。

华严寺
HUAYANSI

　　著名的樊川八大寺院之一，位于唐长安城东南的韦曲少陵原畔。据载创建于唐太宗贞观年间，一说建于唐德宗贞元十九年（803 年），是汉传佛教华严宗的祖庭。贞观十四年（640 年），华严宗开山祖师杜顺圆寂后，葬于樊川少陵原畔，并建杜顺禅师灵塔。寺院依灵塔而建，南对终南，俯视樊川，唐人岑参"寺南几十峰，峰翠晴可掬"的诗句，道尽其景致之优美。清代乾隆年间，少陵原畔发生土方崩塌，寺院殿宇全毁，仅存砖塔两座。两塔为华严

敦煌 148 窟南壁上部　《弥勒经变图》

宗初祖杜顺禅师灵塔和华严宗四祖清凉国师灵塔，东西相对，一大一小。杜顺塔为 7 层楼阁式仿木结构，高 13 米。清凉国师塔 6 面 5 层，高 7 米。1986 年对清凉国师塔进行保护迁建，清理出地下的塔基和须弥座，埋藏有舍利石函。寺内原有唐宣宗大中六年（852 年）刻的《杜顺和尚行记碑》，现移至西安碑林保存。

香积寺
XIANGJISI

　　唐代著名佛寺，位于唐长安城西南的神禾原上（今西安市长安区郭杜街道办事处香积寺村旁）。唐神龙二年（706 年），弟子怀恽（即隆禅法师）为纪念净土宗第二代祖师善导，在其供养塔旁建造寺院。寺名源于佛经"天竺有众香之国，佛名香积"，取名香积寺。据记载，当年寺院规模宏大，堂殿峥嵘。这里被视为净土宗祖庭。高僧善导竭力宣扬虔心念佛即可往生极乐的西方净土。经善导的大力弘扬，净土宗成为影响最大、信徒最多的一

香积寺善导塔

个宗派。净土宗东传日本，日本净土宗尊善导为高祖，亦以香积寺为祖庭。香积寺塔或称善导塔，是一座高 13 级的唐代楼阁密檐式砖塔，建筑形式独具一格。此塔当时不仅用于佛事，还用作观星测雾、量日定时。现残存 11 级，高 33 米。寺内原有小塔数座，多已不存。其东侧仅有 5 层方形砖塔一座，传为善导弟子的灵塔。至今香火甚盛。

净业寺 JINGYESI

隋唐佛寺，汉传佛教律宗祖庭，位于唐长安城南终南山沣峪口内。寺初建于隋，唐初为高僧道宣修行的道场，因道宣弘扬律宗而达极盛。道宣在西明寺初成时，曾奉诏任该寺上座，后在终南山隋净业寺故址潜心钻研律藏，开创了专门研习与宣传戒律的一个宗派，成为律宗三派南山宗的创始人。他撰写的《广弘明集》《续高僧传》《大唐内典录》对中国佛教史的研究具有重要价值。寺址山势高峻、林壑幽深，后代屡有修葺，今仍存。

草堂寺 CAOTANGSI

古代著名佛寺，汉传佛教三论宗祖庭，位于唐长安城西南户县圭峰山下。初为后秦姚兴所建的逍遥园，西域高僧鸠摩罗什在此讲译佛经，更名草堂寺。鸠摩罗什为三论宗始祖，草堂寺作为鸠摩罗什的译经道场，因而成为三论宗祖庭。原址在汉长安城东南，唐时迁建今址。唐代中叶，名僧宗密（后被尊为华严五祖之一）主持修缮后，更名栖禅寺。寺内保存有大中九年（855年）《定慧禅师传法碑》，由时任宰相裴休撰文，书法大家柳公权篆额。寺内有唐代所建的鸠摩罗什舍利塔一座，雕饰精美，俗称"八宝玉石塔"，高将近2.5米。唐代以后，该寺屡遭兵火。宋初重建，曾改称清凉建福院，但草堂、栖禅二名在金元以后仍沿用。清同

草堂寺鸠摩罗什舍利塔

治年间兵火，寺内殿宇焚烧殆尽。其后又得重建，保存碑碣20余通。寺内有一井，烟雾升腾形成"草堂烟雾"，为著名的长安八景之一。至今香火甚盛。

仙游寺
XIANYOUSI

隋唐著名佛寺，位于隋唐京兆盩厔县（今周至县）南黑河畔，依山傍水。隋开皇十八年（598年），在此营建行宫，取名仙游宫。仁寿元年（601年），诏令建立供奉舍利的法王塔，改称仙游寺。唐开元十三年（725年）法王塔重修。塔身形制为密檐式砖塔，7层，30米高。这里留下了秦穆公女儿弄玉吹箫引凤的传说以及历代著名文人墨客的诗篇轶闻。唐元和元年（806年），诗人白居易驻此创作出《长恨歌》。1998年，法王塔整体迁移至原址北侧2000米的金盆村北梁上时，在塔体2层发现天宫，出土石棺、鎏金铜棺、琉璃瓶等五重包裹的3枚舍利，并在塔基地宫中发现石函、鎏金铜棺、琉璃瓶等盛纳的10粒隋代舍利子。另出土石碑1方，两面分别刻有隋代《舍利塔下铭》和唐代《仙游寺舍利塔铭》。

玄都观
XUANDUGUAN

隋唐长安著名道观，位于崇业坊内。开皇二年（582年），自汉长安城徙通道观于此，改名玄都观，东与大兴善寺相比邻。隋初宇文恺创建大兴城，以城内六坡象征乾卦六爻，崇业坊与靖善坊为"九五贵位",不欲百姓居住,故置此观及兴善寺以压镇。开元时,观中道士尹崇,通儒、道、佛三教,积书万卷。天宝年间,又有道士荆朏道学深奥,为时人所崇尚,太尉房琯以师礼待之,朝中名士无不游于荆公之门。观内广植桃树,是京城游赏桃花的胜地。唐顺宗时因永贞革新失败而遭贬谪的官员兼诗人刘禹锡,于宪宗元和十年(815年)承召至京,写下《玄都观桃花》:"紫陌红尘拂面来,无人不道看花回。玄都观里桃千树,尽是刘郎去后栽。"诗语讥愤,触怒当权新贵,因此又遭贬逐。文宗太和二年(828年),刘禹锡重返长安,旧地重游,目睹衰落景象,又写《再游玄都观》诗,发出"种桃道士归何处?前度刘郎今又来"的感慨。此观今不存。

太清宫
TAIQINGGONG

唐长安皇家道教庙观,位于大宁坊西南隅。开元二十九年(741年),唐玄宗诏令两京及诸州各置玄元皇帝老子庙一所,按照道法醮祭。天宝元年(742年),陈王府参军田同秀上书:玄元皇帝下凡,在丹凤门大街见到,以"天下太平、圣寿无疆"传话给玄宗皇帝,并说在尹

华清宫出土老君像

喜的故宅赏赐有灵符。玄宗遣使查找，果然应验，于是在大宁坊置庙。同年九月，改庙为太上玄元皇帝宫。次年三月，改名太清宫。太清宫自玄宗以后在唐朝国家祭祀中地位显赫，处于长安道观的中心。从全国各地应召入京的道门大德往往被安置于此。如文宗太和八年（834年），麻姑仙师邓延康在奉诏入长安之初，就隶籍太清宫。总理太清宫的都是长安的道门领袖，宫内还有皇帝敕命的太清宫内供奉，以备应制。每年四时及腊终行庙献之礼。取太白山白石为老子像，还供奉有孔子和四真人像，玄宗、肃宗、德宗皇帝像侍立左右。刻李林甫、陈希烈、杨国忠像，侍立皇帝左右，后尽毁。宫内设大殿12间。殿内有吴道子绘的老子像。墙内松竹相连，象征仙居。

兴唐观
XINGTANGGUAN

　　唐长安皇家道观，位于长乐坊西南隅。原为司农园地，开元十八年（730年）创立。当时唐玄宗敕令快速建成，于是拆除兴庆宫通乾殿造天尊殿，取大明宫乘云阁材造门屋楼，拆白莲花殿造精思堂屋，拆甘泉殿造老君殿。兴唐观得到唐代皇帝的重视。宪宗元和初年，又命神策中尉彭中献率士卒300人修建，赐钱千万，扩大形制。兴唐观北临大明宫，因此开复道，方便皇帝行幸，赏赐大量财物，以充夫役和斋醮之需。权德舆著有《兴唐观新钟铭》。敬宗宝历二年（826年），赐兴唐观道士刘从政修院钱2万贯，命兴唐观道士孙准入翰林待诏。据《唐玄济先生墓志铭》载，唐敬宗在兴唐观设立道学会，弘扬道教。

唐仙骑镜

唐昌观
TANGCHANGGUAN

唐长安城著名道观，位于安业坊横街之北，北与唐睿宗第七女郾国公主宅相邻。据文献记载，唐昌观有玉蕊花，为唐玄宗第四女唐昌公主手植。玉蕊为京城长安的奇葩，仅在唐昌观和宫禁栽植，花开时节，好似琼林玉树，吸引众人观赏。宪宗元和年间，因传闻游仙驾临唐昌观折花，引发文人墨客争相赋诗唱和。给事中严休复写下《唐昌观玉蕊花折有仙人游怅然成二绝》，云"唯有多情枝上雪，好风吹缀绿云鬟"。当时诗坛大家元稹、刘禹锡、白居易、张籍皆咏唐昌观玉蕊花，与严休复相唱和。此事在唐人传奇小说《玉蕊院真人降》中有记载。近年新出《唐昌公主墓志》，记载公主入道，并舍宅立观之事。唐代公主入道创立道观，常以封号为名，比邻郧国公主（又是唐昌公主的婆婆）宅而建的唐昌观应为唐昌公主所立。

唐长乐公主墓壁画《云中车马图》

楼观台
LOUGUANTAI

　　著名道教圣地，位于隋唐盩厔县（今周至县）东南的终南山北麓。这里千峰叠嶂，依山带水，茂林修竹，是关中著名的风景区。相传周穆王曾游历至此，建造宫室。周大夫、函谷关令尹喜在此结草为楼，以观天象，名"草楼观"。后来老子西游入关，被尹喜迎入草楼。老子在此著《道德经》五千言，并在楼南高冈筑台授经。此台称"说经台"，又叫"授经台"。秦、汉、西晋之时，历代帝王多在此求神拜仙，修建宫室。隋文帝开皇初年，又大加修葺。李唐皇帝认老子为祖宗，武德七年（624年），唐高祖亲谒老子祠，改楼观台为宗圣宫。唐玄宗更加尊崇道教，改宗圣宫为宗圣观，再次扩建，使其成为当时规模最大的皇家道观和道教圣地。李唐以降，楼观台屡遭兵火，宋元明清时期多次修缮，香

楼观台新塑老子像

火绵续。楼观台不仅是道士修炼的好地方，也是达官贵人、文人雅士游赏的好去处。楼观台现存道教核心建筑群分布于说经台上，唐代创建的老子祠位于其上。碑亭内陈列着历代碑刻，其中有元代重刻的唐代书法家欧阳询书写的碑石。明代以后逐渐衰微破败，今重修葺，目前已形成楼观台风景名胜区。

祆教寺院。大约在公元前 6 世纪，波斯人琐罗亚斯德根据民间拜火习俗创立了琐罗亚斯德教。原流行于波斯和中亚一带，南

北周史君墓石椁祆教祭司图像

北朝时传入中国，俗称火教、拜火教、火祆教。祆字大约起源于隋末唐初，取火祆名，专门代指原来的天神、火神、胡天神等称谓。唐长安城是唐代祆祠最多的城市，有祆祠6所，多集中在西市周围。武德四年（621年），在布政坊西南隅初建祆祠，祠内设置专门管理祆教事务的机构——萨宝府。贞观五年(631年)，传法穆护(称琐罗亚斯德教高级僧侣）何禄将祆教奏闻朝廷，敕令长安崇化坊立祆寺。醴泉坊十字街南之东，旧有波斯胡寺，是仪凤二年(677年)波斯王毕路斯奏请所建。景龙（707—710 年）中，中书令宗楚客在此筑宅，将这座祆祠迁到布政坊之西南祆祠的西边。此外，醴泉坊西北隅、普宁坊西北隅、靖恭坊街南之西各立一祆祠。会昌五年(845 年)唐武宗灭佛，祆祠亦遭废毁，被勒令还俗的景教(基督教）和祆教徒达两三千人。建国后出土的咸通十五年（874 年）《唐苏谅妻马氏墓志》，是汉语和婆罗钵文双语墓志，表明波斯王族后人信奉祆教，也是会昌五年迫害祆教之后这一信仰继续存于长安的证据。

大秦寺
DAQINSI

唐代景教寺的别名。景教属于基督教聂斯脱利派，唐初东传入长安，景教、祆教、摩尼教三教均传自波斯（今伊朗），唐人起初不辨其教义区别和原本出处而统称为"波斯胡教"或"波斯经教"。唐长安城中称大秦寺者有两处：一在崇化坊，宋人姚宽《西溪丛语》有载，此寺实际为祆寺，号大秦寺，又名波斯寺；另一处是贞观十二年（638 年）唐太宗为经波斯来的大秦国（东

大秦寺出土的《大秦景教流行中国碑》

罗马帝国）僧人阿罗本在义宁坊十字街东之北所立的波斯胡寺。贞观九年（635年），阿罗本获唐朝允准到达长安，经过3年译经著文，唐太宗终于下诏承认景教，准许流传。唐玄宗天宝四载（745年）颁布诏书："波斯经教，出自大秦，传习而来，久行中国。"将景教与波斯其他宗教区分开来，把"波斯寺"或"波斯胡寺"改称"大秦寺"。会昌五年（845年）武宗灭佛，景教也在劫难逃，大秦寺废止。景教被视为"邪法""夷教"，从此一蹶不振。明末天启年间（1621—1627年），著名的《大秦景教流行中国碑》出土。该碑纪年为唐德宗建中二年（781年），今人多认为原立于长安义宁坊大秦寺。碑文详细记载了景教教义以及自贞观时期开始在长安传播近150年的历史，是中国基督教最早、最确凿的传播证据。碑底和两侧有古叙利亚文教士题名，是纪功性质的丰碑。

风景名胜·三苑

唐三苑
TANGSANYUAN

　　唐长安都城之北有禁苑、西内苑、东内苑，合称三苑，是著名的皇家苑囿，专供皇帝与皇室贵族狩猎游乐。禁苑是隋代修建的大兴苑，在三苑中规模最大，东至浐水，西包汉长安故城，北临渭水，南接都城。四面共开10门。南面3门，就是外郭城北面偏西的3个城门，西为光化门，中为景曜门，东为芳林门；东面2门，北为昭远门，南为光泰门；西面2门，北为玄武门，南为延秋门；北面3门，西为永泰门，中为启运门，东为饮马门。禁苑有四面监及宫、殿、院、亭二三十处，是都城长安的主要园林风景区和狩猎区。苑内坡原起伏，树木繁盛，潭池相接，宫亭楼阁相望，建筑极为宏大，主要有鱼藻宫、望春宫、春坛宫、青门亭、柳园亭、临渭亭、桃园亭等，供帝王举行游憩娱乐活动等，皇帝经常来此游乐。

　　西内苑位于西内太极宫以北，又名北苑，南北1里，东西大致与宫城看齐，后来范围有所扩大。西内苑四面各开1门，东面叫日营门，西面叫月营门，北面叫重玄门，南面是太极宫北面的玄武门。玄武门以东，有观德殿、含光殿、看花殿、拾翠殿、歌舞殿、冰井台、樱花园等；玄武门以西，有永庆殿、翠华殿、大安宫、广元楼等。

　　东内苑位于大明宫东南，南北2里，东西占有一坊之地。其平面形制呈南北长、东西窄的长方形，面积在三苑中为最小。东内苑南面是延政门，北面是大明宫的左银台门。东内苑内有龙首池，池北有灵符应圣院，池南有凝晖殿、内教坊、球场亭子殿等。龙首池是苑中园林风景区的中心，其水引自龙首渠北支的浐水，玄宗、文宗等帝王曾巡幸过龙首池。

禁苑东边浐河西岸的南、北望春宫建筑宏丽，风景宜人，是皇帝时常游幸娱乐的场所。苑北的鱼藻宫，是观看划船竞渡和武士角抵的场所。禁苑之南的梨园，是宫廷举行"分朋拔河"和击鞠（打马毬）的地方。唐中宗、玄宗、敬宗、僖宗都是马毬运动的个中好手。除禁苑梨园以外，禁苑北部的毬场亭子、西内苑的含光殿球场、东内苑龙首池南的毬场亭子，都曾开展过皇家马毬比赛。三苑燕乐歌舞之所也有许多，如西内苑观德殿除了举行射礼之外，还时常有宴乐活动。三苑周围筑有苑墙，苑中有殿亭楼阁、宫馆园池及花卉林木，不仅可供皇帝游猎休闲，还起着拱卫都城的作用，是都城防卫的一道重要屏障。

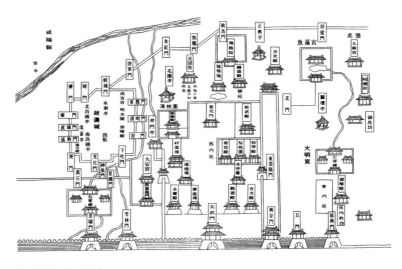

元 李好文《三苑图》

观德殿
GUANDEDIAN

唐三彩叠置伎

　　唐长安西内苑宫殿，位于太极宫北垣玄武门外东侧。唐之射殿。贞观十六年（642年）三月三日，唐太宗赐群僚大射于观德殿。永徽三年（652年）三月三日，唐高宗幸观德殿，赐百官大射。唐代亦在此举行庆典活动。贞观十四年（640年）十二月丁酉，侯君集执高昌王麹智盛，献捷于观德殿。总章元年（668年）十月癸丑，为贺破高丽，高宗临御观德殿，大宴百官，并设九部乐，赐帛。又，永徽三年（652年）六月二十八日设明堂制度，高宗令以五室、九室两议之制，张设于观德殿前，并亲去参观。

含光殿
HANGUANGDIAN

　　苑殿。唐长安城苑囿内有二含光殿：一在西内苑南边观德殿之东近外郭城北垣处。此殿建于唐初，文宗大和五年（831年）重修。总章元年（668年）十二月，以高丽平，献俘于含光殿。元和元年（806年）正月，宪宗又临此含光殿受朝贺。1956年冬在此遗址处发现了"含元殿及毬场等，大唐大和辛亥岁乙未月建"的石碑，说明此殿是皇帝在西内苑举行政治活动及打马毬游戏之处。另一含光殿，在禁苑中，位于鱼藻宫附近。

龙首池
LONGSHOUCHI

唐长安东内苑之池，位于苑内中部，池因引自龙首渠之水，故名。先天二年（713年）三月甲戌，因天旱，玄宗亲至龙首池祈雨。元和十三年（818年）二月，疏浚龙首池。《唐会要》云，大和九年（835年）十月，以左军2000人填部分龙首池以为鞠场。《旧唐书》又载，开成元年（836年）三月庚申，文宗临龙首池观内人赛雨。

芳林门
FANGLINMEN

隋唐长安外郭城北墙三门和禁苑南面三门中偏东之门。位于宫城之西，在北郭城垣之上，南对外郭城南面安化门。门上有楼观，崇文馆学士徐齐聃为太子授课，曾于此楼编纂书籍。景龙四年（710年）二月二十九日，中宗令中书门下供奉五品以上、文武三品以上并诸学士等，自芳林门入集于梨园球场，分朋拔河。元和三年（808年）四月二日，宪宗御芳林门陈设音乐。唐末，沈云翔等10人因从此门入内交结中官而得名，号称芳林十哲。

望春宫
WANGCHUNGONG

隋唐长安禁苑一组宏伟的宫苑建筑，位于禁苑东面、浐河西岸的龙首原上。南北二座。南望春宫为隋初文帝时建，炀帝时改名长乐宫，登临可隔着苑墙俯瞰长乐坡东西大道；北望春宫为唐开元二十六年（738年）正月建，宫东天宝中建有广运潭。南北望春宫皆为楼式建筑，故亦称为南北望春楼。望春宫东临浐水，周围建有升阳殿、南北望春亭及放鸭亭等，是一处以浐河水色与宫亭建筑为特色的风景区。望春宫建筑宏伟富丽，"层宫嶙峋"，"蠹云楣以重叠，焕藻井以辉润"，给人以"美矣哉"的感觉，是禁苑中一组标志性建筑。

唐三彩腾空马

南北望春宫之间以复道相通，与连接大明宫与兴庆宫、芙蓉园的封闭式复道不同，此复道可以向外"明望"，观览风景。因位于禁苑的最东处，每逢二月立春日，皇帝都令大臣到此举行迎春活动。同时，因其景色优美，玄宗、文宗等皇帝多到此处游幸。天宝二年（743年），广运潭建成，唐玄宗率文武百官坐于望春楼上观看。这里留下了许多诗赋。崔日用《奉和圣制春日幸望春宫应制》诗云："东郊风物正熏馨，素浐凫鹥戏绿汀。凤阁斜通平乐观，龙旂直逼望春亭。"苏颋同名诗："东望望春春可怜，更逢晴日柳含烟。宫中下见南山尽，城上平临北斗悬。"李景让《望春宫赋》更是留下了望春宫可贵的信息。望春宫不仅是供皇帝游乐的建筑群，

更在政治、经济和军事防御上具有重要意义。天宝九载（750 年）
十月，安禄山入京，行至临潼戏水，杨国忠兄弟姊妹皆往相迎，
冠盖蔽野。玄宗也亲至望春宫等待。乾元元年（758 年），关内
河东副元帅郭子仪大破安史叛军，朝廷百官在长乐驿列队迎接班
师凯旋，唐肃宗亦移驾南望春宫等待。建中二年（781 年），发兵
屯关东，唐德宗临御南望春宫誓师。北望春宫约在今西安东北郊
光泰门村西南，南望春宫大致在今西安东郊十里铺以南。

鱼藻宫
YUZAOGONG

　　唐长安禁苑宫，位于大明宫北部。因宫建在鱼藻池中的山上，
故名。贞元十三年（797 年）七月、元和十五年（820 年）八月，
多次令神策军修浚鱼藻池，池深 1 丈 4 尺。唐代皇帝与臣僚常在
此宫举行欢宴，或在鱼藻池及九曲山池中观看划船竞渡。如顺宗
当太子时，曾在鱼藻宫侍奉德宗皇帝宴饮，他在池中击水嬉戏，
宫人牵着雕饰侈靡的彩船唱起棹歌，丝竹之声不时响起，德宗十
分欢喜。德宗还在鱼藻池底铺张锦缎，以求景色光艳见底。元和
十五年（820 年）九月辛丑，穆宗观看龙舟竞渡、武士角抵于鱼藻宫。
敬宗时，也多次到此观竞渡为戏。唐人王建《宫词》中有一首提
及德宗池底铺锦的故事："鱼藻宫中锁翠娥，先皇行处不曾过。
如今池底休铺锦，菱角鸡头积渐多。"另有一首《宫词》专门描
写宫中竞渡场景："竞渡船头掉彩旗，两边溅水湿罗衣。池东争
向池西岸，先到先书上字归。"故址在今西安北郊百花村东南称
为扁担洼的一片洼地中。

梨园
LIYUAN

　　唐长安禁苑风景园林区之一，位于光化门之北，遗址在今西安城西北郊小白杨村附近。园中有梨园亭、毬场，是唐代皇帝游赏风景和举行拔河、击毬娱乐活动之处。如中宗每岁春幸梨园，夏宴于葡萄园。景龙四年（710 年）三月庚戌，中宗令中书门下供奉官五品以上、文武三品以上并诸学士等，自芳林门入集于梨园球场，分朋拔河为戏。景云中，由临淄王李隆基、嗣虢王李邕以及驸马杨慎交、武延秀等人组成宫廷毬队，与吐蕃毬队在此苑内梨园毬场举行马毬比赛。开元二年（714 年）唐玄宗置院亲自教习"梨园弟子"。南宋程大昌《雍录·梨园》载："开元二年置教坊于蓬莱宫，上自教法曲，谓之梨园弟子。" 这是指置于东内苑内教坊的梨园法部。此外，还有东宫宜春北院的梨花园、长安太常寺西北的梨园别教院、华清宫瑶光楼南的梨园等。

风景名胜·园林

乐游原
LEYOUYUAN

　　唐长安城东南升平坊与新昌坊一带有隆起的高原，因汉宣帝时置为乐游苑，故名乐游原。这里是隋唐长安城的最高点，地势高平轩敞，城中景色尽收眼底，为登高览胜的最佳景地。唐代诗人李商隐的《乐游原》脍炙人口，诗中写道："向晚意不适，驱车登古原。夕阳无限好，只是近黄昏。"原上太平公主曾置亭凿池游赏，后因谋反被没收，赏赐给宁、申、岐、薛诸王。每年三月上巳，都城人来此池被禊踏青，九月重阳来乐游原登高游赏，车马填塞道路，游人络绎不绝。唐玄宗、宪宗等也曾来此赏景。原上隋建灵感寺，唐代改建青龙寺，既是佛教名刹，风光也格外优美。有唐人描写青龙寺道："青山当佛阁，红叶满僧廊。竹色连平地，虫声在上方。"故址在今西安城东南铁炉庙村一带。

青龙寺惠果空海纪念堂

曲江与曲江池
QUJIANGYUQUJIANGCHI

隋唐长安城著名风景区。在长安郭城的东南隅，一半在城内，一半在城外。曲江在秦汉时即为名胜，是一片天然的池沼。秦称隑洲，隑为"曲岸"之意，在此修筑离宫叫宜春苑。汉称曲洲，因水流屈曲，故名曲江。汉武帝十分欣赏曲江一带的景色，多次游幸，开凿了新的泉眼，扩大曲江水域。隋修建大兴城时，将曲江的大部分规划在城内，因都城东南高西北低，为避免一般人住在比皇宫更高的地方，故在曲江挖成深池以"厌胜"，改名芙蓉池。唐代开元年间（713—741年），大力疏凿，引黄渠入曲江，遂成烟水明媚的胜境。曲江池位于东、西二丘陵之间的低谷地带，南北长约1700米，东西宽约600米。两岸屈曲极不规整，池底最深处距地表6米多。曲江池引水渠有两条，分别在池的南、北两端东侧，引黄渠水入池。曲江池是一个湖面很大的池沼，池中水深波碧，加之四岸盛植的花卉、周围起伏不平的地形及鳞次栉比的亭阁楼榭，风景十分优美。唐代曲江实际上是由芙蓉园、杏园、曲江池、乐游原等多组庞大的风景游览区所组成。曲江东南有芙蓉园，西有杏园、慈恩寺，北有乐游原。开元、天宝时期，"四岸皆有行宫台殿、百司廨署"。花卉周环，烟水明媚，成为京城人的游赏胜地。尤其是中和、上巳节，曲江堤岸上到处是游赏百姓搭建的彩棚绸帐。唐代的曲江饮宴热闹非凡，上巳节皇帝和妃嫔坐在芙蓉园的紫云楼上，朝廷百官聚会于山亭，皇家梨园弟子奏乐助兴。池中还备有几艘彩船，专供宰相等少数达官与翰林学士乘游。能在这里参加游宴的都是一些皇家贵族和有名望的文人，他们把能参与皇帝举办的曲江游宴看作最大的荣耀。唐代诗人白居

大唐芙蓉园紫云楼

易上巳节在宫内参加御宴之后,诏许去曲江游乐,欣赏皇家乐舞,品尝皇家茶点,喜不自胜,感叹"荣降天上,宠惊人间"。百官衙司、文人学士、新科进士曲江宴游,畅饮赋诗,传为"曲江流饮"的美谈。

安史之乱前,诸司皆在曲江岸边设置亭阁,唐玄宗幸蜀后,曲江沿岸的宫殿亭阁多被烧毁。尚书省有亭子尚存,进士每每于此开宴。唐文宗大和九年(835年),又对曲江池进行疏浚改造,重修紫云楼、彩霞亭。敕令诸司如有能力创置亭馆,给予空闲之地任加营造。曲江也是唐长安城重要的游宴之地,其中比较固定、规模较大的有上巳曲江宴、曲江大会、中和曲江宴、重九曲江宴。另外,朝官、文士及百姓亦常在曲江宴饮,并赋诗行乐。每年新科进士齐集曲江进行宴庆,称曲江大会。唐末大中、咸通以来,曲江之宴十分兴盛,"行市罗列,长安几于半空"。唐末战乱之后,曲江风景区再次遭到破坏,迅速荒芜。曲江的自然风光和人文景观向来为世人所向往,今建有曲江池遗址公园。

芙蓉园
FURONGYUAN

隋唐皇家游赏胜地,位于曲江池下泄支流之南。隋代已在此建离宫,唐代为皇帝游赏之地,因为与城北的皇家禁苑相对,故有南苑之称。四周筑有围墙,"东西三里而遥,南北三里而近",平面呈长方形,周回17里,范围相当广阔。开元十四年(726年)和开元二十年(732年),从兴庆宫外傍郭城东壁修筑了北通大

唐 李昭道《曲江图》

明宫、南达芙蓉园的夹城，专供皇帝秘密北上大明宫或南去芙蓉园和曲江游乐。芙蓉园虽与曲江相通，但未经皇帝的诏许，外人不得入内。芙蓉园唐诗吟咏甚多，如李绅《忆春日曲江宴后许至芙蓉园》诗写道："春风上苑开桃李，诏许看花入御园。"有幸被皇帝恩准到芙蓉园赏花，李绅引为殊荣。园内青林重复，绿水弥漫，修竹茂林，亭台楼阁参差错落，景色极佳。唐代皇帝常临幸游赏。今重建有大唐芙蓉园。

紫云楼
ZIYUNLOU

唐长安城东南隅皇家园林芙蓉园内的建筑之一，筑于曲江池南岸的芙蓉园北墙。初建于唐开元年间，安史之乱时毁于兵火。大和九年（835年），文宗为恢复曲江芙蓉园风景而重建。登楼眺望，烟水明媚、花卉环周的曲江风光一览

宋人绘《明皇夜宴图》

无余。每逢曲江大会，唐明皇必登临此楼，在欣赏歌舞、赐宴群臣之际，常凭栏观望园外万民游曲江之盛况，与民同乐。今大唐芙蓉园内重建了紫云楼。

杏园
XINGYUAN

唐长安园林风景区之一。在都城东南之通善坊，北接大慈恩寺，东临曲江池，以盛植杏树而著称，故得此名。每逢早春，这里"十亩开金地，千林发杏花。映云犹误雪，煦日欲成霞"，风景十分绮丽，是曲江一带吸引游人的风景区之一。唐时新科进士也多在此举行游宴，称为"杏园宴"，由于新科进士们一边游宴，一边赏花，又叫"探花宴"。当时，长安人都喜欢到这里游赏，车水马龙，川流不息。唐人"莫怪杏园憔悴去，满城多少插花人"的诗句，就描绘了这一盛况。

元 李好文《城南名胜古迹图》

奉诚园
FENGCHENGYUAN

　　唐长安城风景园林之一，在长安城东市之南安邑坊内，本为司徒兼侍中马燧宅园。马燧之子少府监马畅以资财甲天下。德宗贞元末年，在神策中尉杨志廉讥讽下，马畅献纳宅邸，以讨好皇帝，免除罪过。据记载，马畅以宅邸中的大杏馈赠窦文场，进献给德宗，德宗不曾见过，派内官去马宅封杏树，马畅十分恐惧，进献宅邸，被作为奉诚园，屋宇皆被拆除，成为一处游赏的园林。杜牧有诗《过田家宅》云："安邑南门外，谁家板筑高。奉诚园里地，墙缺见蓬蒿。"

定昆池
DINGKUNCHI

　　唐中宗女安乐公主在长安城西南开凿的一处人工湖景区。唐长安城西南有汉武帝时开凿的昆明池，安乐公主出嫁后，心中常思念昆明池畔的风景。景龙二年（708 年）七月，安乐公主恃宠请求赏赐昆明池为私家池沼，中宗不许。安乐公主十分郁闷，于是以其西庄之地，并侵夺民田，开凿一个大池，延袤数里，想要超过昆明池，故名定昆池。此池以湖面景色为主，极尽人工雕凿。池边草木风景完全仿照昆明池。池中垒石为山，以象华山；引水为涧，以象天河。飞阁步檐，斜桥磴道，被以锦绣，画以丹青，饰以金银，莹以珠玉。又为九曲流杯池，作石莲花台，泉从台中流出，穷天下之壮丽。初为安乐公主私人园池，中宗与百官常慕其景色而去游赏。景云元年（710年）六月，安乐公主因谋反被诛，定昆池没收入司农寺，一时任人游赏。每日士女游观，车马填塞道路。

玄奘法师像

唐长安南郊风景胜地，位于今西安市长安区韦曲、杜曲一带，东南起至江村，西北至于塔坡，是一东西宽约30里的狭长地带。因汉高祖赐予樊哙为封邑，故名樊川。汉代这里建有离宫，武帝常临幸止宿，故名御宿川。这里南屏终南山，北倚少陵原，中有潏河流贯其间，河谷宽敞，地势平坦，自然景色十分秀丽。韦、杜两大贵族世代聚居在韦曲和杜曲，唐代的达官贵人，亦多建别墅于此地。兴教、兴国、华严、牛头、观音、云栖、禅定、法幢等八大寺院，襟山带水，错落其间，从而形成了山河自然之美与人工园林之胜相结合的著名风景区。

辋川
WANGCHUAN

　　唐长安东南风景胜地。位于今西安市蓝田县的秦岭北麓，这里峰峦叠嶂，青山逶迤，因辋水汇流如车辐环辏而得名。唐人宋之问、王维先后在此建立别业。王维晚年隐居于此，常与好友裴迪在此泛舟往来，弹琴赋诗，啸咏终日。王维充分利用大自然的山形水势，在辋川山谷建成孟城坳、华子冈、文杏馆、斤竹岭、鹿柴、木兰柴、茱萸沜、宫槐陌、临湖亭、南垞、欹湖、柳浪、栾家濑、金屑泉、白石滩、北垞、竹里馆、辛夷坞、漆园、椒园、辋川庄等 21 处景点，集我国唐代园林之盛，成为我国古代造园的范本，并创作出影响深远的"辋川二十咏"和《辋川图》等诗画。

明　王邦才《辋川图赋》

渼陂
MEIBEI

唐长安城西南风景胜地。位于今户县西，由终南山诸水蓄积成湖，西北流入涝水，周 14 里。因陂水甘美，故称渼陂。此处高岸环堤，陂水荡漾，层峦叠嶂，影落其间，景色优美。诗人杜甫与岑参等人曾相约来此泛舟、饮酒、吟诗作乐，杜甫《渼陂行》一诗记载了当时景象。诗中写道："半陂以南纯浸山，动影袅窕冲融间。船舷暝戛云际寺，水面月出蓝田关。"由于陂中鱼甚美，唐宝历二年（826 年）专设渼陂尚食，收管陂鱼，以供御厨，不许百姓捕取。

杨慎交山池院
YANGSHENJIAO SHANCHIYUAN

唐三彩山池院

驸马都尉杨慎交的私人园林。杨慎交，弘农华阴人，出身世家，以门荫入仕，娶中宗女长宁公主。善击毬，唐中宗曾命他与李隆基、武延秀等人与吐蕃使者部下的击毬高手比赛，双方势均力敌。在长安城大业坊之东南有山池院，本为徐王元礼之池，东与太平女冠观相邻。

郭子仪园
GUOZIYIYUAN

唐汾阳王郭子仪私家园林，位于长安城南的大通坊。园内引永安渠水为池，有亭榭园林。羊士谔《游郭驸马大安山池》诗云："仙杏破颜逢醉客，彩鸳飞去避行舟。洞箫日暖移宾榻，垂柳风多掩妓楼。坐阅清晖不知暮，烟横北渚水悠悠。"吕温《春日游郭驸马大安亭子》诗亦云："戚里容闲客，山泉若化成。寄游芳径好，借赏彩船轻。春至花常满，年多水更清。"后为岐阳公主别馆。园址约在今西安城西南的紫薇花园小区。

裴度池亭
PEIDUCHITING

唐晋国公裴度的山池和亭阁建筑，在长安兴化坊。裴度疏清明渠水为山池院，有亭阁建筑。裴度为唐代杰出的政治家，唐宪宗时督统诸将平定淮西镇，封晋国公，世称"裴晋公"。后历仕穆宗、敬宗、文宗三朝，数度拜相。白居易有《酬裴相公题兴化小池见招长句》诗："为爱小塘招散客，不嫌老监与新诗……蓬断偶飘桃李径，鸥惊误拂凤凰池。"又有《宿裴相公兴化池亭（兼蒙借船舫游泛）》诗云："林亭一出宿风尘，忘却平津是要津。松阁晴看山色近，石渠秋放水声新。"

王铁山池院
WANGHONG SHANCHIYUAN

唐御史大夫王铁宅邸所建的私家山池园林。在长安城西街太平坊内。天宝年间，王铁因罪被赐死。官府登记查抄王铁在太平坊的住宅，数日不能登记完。其宅山池院有自雨亭，檐上飞流四注，当夏处之，凛若高秋，当为从欧洲东传的建筑技术。又有宝钿井阑，不知其价。旧址在今西安城外西南西北大学校园。

宁王宪山池院
NINGWANGXIAN SHANCHIYUAN

宁王李宪的私家山池园林，在胜业坊东南隅。宁王宪是唐玄宗的大哥，唐玄宗写有《同玉真公主过大哥山池》《首夏花萼楼观群臣宴宁王山亭回楼下又申之以赏乐赋诗》等诗。院内有九曲池，在兴庆池西，引兴庆水西流，疏凿屈曲连环为九曲池。上筑土为基，垒石为山，植松柏，有落猿岩、栖龙岫，奇石异木，珍禽怪兽，又有鹤仙渚。殿宇相连，左沧浪，右临漪。宁王常与宫人宾客饮宴弋钓其中。

段成式山池院
DUANCHENGSHI SHANCHIYUAN

　　太常少卿段成式私家山池园林，在唐长安城修行坊。其宅有山池院及南园、果园数亩。刘得仁《初夏题段郎中修竹里南园》诗云："高人游息处，与此曲池连。密树才春后，深山在目前。"据记载，宅第大堂前有五鬣松两株，书斋前曾种有紫荆数株。

唐　韩休墓壁画《山水图》

井渠

甘泉浪井
GANQUANLANGJING

长安醴泉坊水井名，位于醴泉坊十字街北之西。醴泉坊本名承明坊，在皇城之西，开皇二年（582年）创建都城筑此坊时，掘出甘泉浪井7眼，不仅井水甘甜，而且饮者疾愈，因以取名为醴泉坊。隋文帝于此置醴泉监，取甘泉水以供大内御厨。开皇十二年（592年）废监立醴泉寺。1986年清理出醴泉遗址，为一边长3.8米的砖砌方坑，深2.5米。坑底铺砌石板，共砌有7个泉眼。正中的泉眼最大，作海棠形。方坑内发现的北魏、西魏、北周、隋到唐中期近20件残破石造像，应为唐武宗毁佛时砸毁填埋的。

龙首渠
LONGSHOUQU

隋唐长安城引水渠之一。此渠是太极宫、皇城、大明宫、兴庆宫、东内苑及都城东北隅用水的主要渠道。隋开皇三年（583年），在营建大兴城之初开凿，取名龙首渠。又因渠引自浐水，又名浐水渠。综合文献记载，龙首渠是长安城东南在浐河拦河为堰，引水北流，至长乐坡西北，分为两渠，向西北方向而流。东渠经长安城通化门外北流，至城东北角外折而西流，入东内苑，注入龙首池。余水由大明宫南西流，再折而北流，入太液池。西渠由通化门南流入城内，向南经永嘉坊，注入兴庆宫内龙池。又继续西流，经兴庆宫西的胜业、崇仁两坊，流入皇城，再北流入宫城，在太极宫后庭，汇为山水池和东海池。另有一支从龙池西南流，导入东市放生池。唐德宗贞元十三年（797年），于永嘉坊西北，又分出一支，西北流至大宁坊西南隅唐代重要庙观太清宫前。考古探测发现龙首渠入通化门有砖石合砌的涵洞。大明宫太液池在西池西北角和东池东北角各发现一向北的水渠，表明太液池水当是由北而来，而不是从南边而来。同时根据地势判断，西北角为入水口，东北角为出水口。这些考古发现，部分证实了龙首渠的流向，同时校正了古人记载和绘图之误。

清明渠
QINGMINGQU

隋唐长安城引水渠之一，位于永安渠东，隋开皇初年营建大兴城时开凿。此渠从长安城南今皇子坡处引浐水西北流，东支为清明渠。根据古代文献和绘图，清明渠于安化门西大安坊东南入城，东北经安乐坊西南隅，向北流经昌明、丰安、宣义、怀贞、崇德、兴化、通义、太平诸坊之西，于太平坊西北隅向西北流入布政坊之东南，东流入皇城，又向北于永安门西流入宫城，注入太极宫的南海、西海和北海。清明渠为长安城外郭城西部以及皇城、宫城提供部分用水，特别是为宫廷和达官贵人庭院池沼提供用水，流经区域湖沼散布，花木茂盛，水竹森邃。考古勘探在安化门紧西侧发现清明渠遗迹，在隋唐太平坊所在的今西北大学校园等处发现位于坊墙内约 10 米宽的清明渠渠道，证明了古人绘制清明渠地图的准确性。

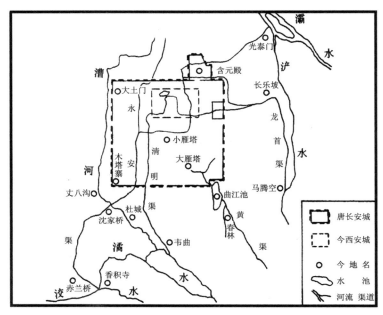

唐长安附近渠道河流示意图

隋唐长安城引水渠之一。隋开皇三年（583 年）开凿，引自洨水（潏水与滈水交汇后称洨水）。引水之处在长安城南的香积寺南。今香积寺西有赤兰桥，丈八沟西有第五桥，第五桥东北有沈家桥，均为当时永安渠流经之处。永安渠流入城内，始于大安坊的西街。由大安坊北去，依次流过大通、敦义、永安、延福、崇贤、延康等坊之西，又经西市之东，北流经布政、颁政、辅兴、修德等坊，向北流入禁苑，再往北注入渭河。由光德坊向西北有一支渠流入西市放生池。永安渠纵贯长安城西部，使西城区得到渠水的滋润。隋初开凿的 3 条人工渠，水量充沛，除供都城饮用之外，还大量用于皇家和王公贵族的园林池沼，使得都城长安颇有林泉之胜。

黄渠
HUANGQU

　　唐长安城引水渠之一。在隋代三渠的基础上，唐开元年间又专门开凿了一条渠道引水至长安城的东南部，即黄渠。黄渠引水自义谷，渠首在今天的大峪水库一带，全长约 20 余千米。渠水经少陵原向西北流，过鲍坡、黄渠头等村流入曲江，又西北流入通善、晋昌、升道、升平等坊。其分渠还北流至永宁坊。开凿黄渠主要是为了增加曲江池的水源，同时也供给城东南部用水。今黄渠经流遗迹断续可见，所经地名大多可考。例如黄渠由曲江直流至慈恩寺西，慈恩寺南临黄渠，水竹森邃，为京师之最，寺南门外有小桥，即黄渠之桥。

漕渠
CAOQU

　　唐代长安的水运渠，亦称漕水、漕河，今西安西郊的洨河即由其发展而来。天宝元年（742 年），京兆尹韩朝宗为运输南山材木薪炭而开凿。从城南引潏水西北流，再北流东折入金光门，于西市凿潭，以贮存木材。唐代宗永泰二年（766 年），京兆尹黎干又把漕渠从西市向东延伸，经光德坊京兆府东，至开化坊荐福寺东街，北至务本坊国子监东，由皇城东南角折向北流，逾景风、延喜门入禁苑。渠阔 8 尺，水深 1 丈。大历元年（766 年）九月，代宗曾亲临延喜门楼观看新凿成的漕渠。漕渠虽然是为运输材木薪炭而开凿的，但与永安、清明、龙首三渠相通，亦可解决长安城供水之需。

广运潭
GUANGYUNTAN

唐代在都城之北浐水下游禁苑内开凿的巨潭，是盛唐京师的漕运码头。长安人口众多，仅靠关中当地出产的粮食不能满足京城所需，故漕运对长安显得十分重要。唐天宝元年（742 年），由陕郡太守、水陆转运使韦坚主持，重新修整汉、隋漕渠。韦坚于咸阳修筑堤堰，导渭、灞、浐三水注入漕渠，东至永丰仓下重新与渭水相汇合，用于运输函谷关以东、黄河和长江中下游的的粮食、租赋。又在禁苑望春楼下挖凿巨潭，以便停泊关东驶来

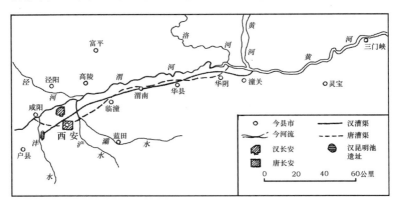

汉唐关中渭河与漕渠水运示意图

的运粮、纳贡的漕船。天宝二年（743 年），渠潭建成，韦坚安排二三百艘船满载江南名产驶向长安，每只船皆署牌写出郡名，并在船上堆积当地名产。陕郡尉崔成甫亲自坐首船领唱，百余鲜服靓装的女子齐声应和，接着奏响鼓笛音乐。吴舟越船驶至楼下，帆樯如林，遮云蔽水，连绵数里，好不威风壮观。其盛况吸引了京城百姓，观者如潮。唐玄宗率文武百官坐于望春楼上观看，龙颜大悦，将外郡进奉的珍宝赏赐贵戚近臣，赐潭名为广运潭，并摆筵席一日。安史之乱爆发后废弃。今在灞河下游重建广运潭风景区。

离宫别馆

大安宫
DAANGONG

唐长安禁苑宫殿。唐高祖于武德五年（622 年），以其子秦王李世民克定天下有功，特别礼遇，在长安宫城北的禁苑内另建此宫供其居住，初名弘义宫。后来高祖退位，贞观三年（629年），徙居此宫，改名为大安宫，取太上皇安居之意。宫中有垂拱前殿，高祖在此驾崩。大安宫中景色优美，宫内有大安殿、仁政殿、垂拱殿、祭酒台、蓬莱阁等，宫苑之中多山村景色，深受皇帝喜爱。

翠微宫
CUIWEIGONG

　　唐代著名离宫，位于长安城南终南山太和谷，今西安市长安区滦镇黄峪寺村。其前身是唐武德八年（625年）始建、贞观十年（636年）废弃的太和宫。贞观二十一年（647年），太宗为避暑，令匠作大将阎立德修建，命名为翠微宫。其宫笼山为苑，位于峰峦险要之地，假借山间林泉之势，环境清幽。其正门北开，名云霞门，朝殿名翠微殿，寝殿名含风殿。旁有太子别宫，西门名金华门，内殿名喜安殿。宫建成后，唐太宗每年都到此避暑，贞观二十三年（649年）四月，病逝于此。其后改名翠微寺，杜甫有"云薄翠微寺"之诗句。宋太平兴国三年（978年）改称永庆寺。此后逐渐废弃而湮没。翠微宫是唐太宗寿终之地，也是高僧玄奘居留之地，在中国历史和佛教史上具有重要意义。遗址现仍有迹可循，石础断碣和残砖碎瓦散落在山坡荒野之中。

废弃的翠微宫遗址

华清宫
HUAQINGGONG

　　唐代著名离宫，位于新丰县（今陕西西安临潼区）骊山北麓，以温泉闻名于世。西周时期就在骊山修建离宫别苑，供周王游幸。自秦以后，历代都因温泉在此营建离宫。唐贞观十八年（644年），太宗诏令营建骊山宫殿，赐名汤泉宫；高宗咸亨二年（671年）改称"温泉宫"；唐玄宗时又大肆营建，天宝六载（747年）定名为"华清宫"，并在此设会昌县，修筑会昌城垣，设置百官衙司，次年又改会昌县为昭应县。华清宫背靠骊山，面对渭水，外有罗城缭墙环绕，依地势高低错落，对称布置楼阁台榭，组成庞大的宫殿建筑群。华清宫在唐玄宗时达到鼎盛，成为专供避寒的离宫。玄宗冬季常携杨贵妃来此避寒沐浴。开元二年至天宝十四

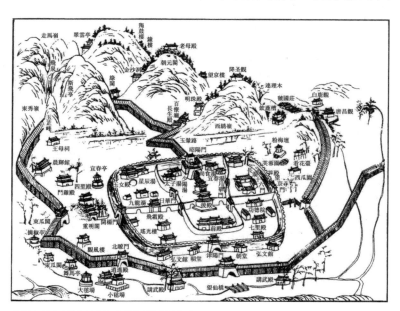

唐华清宫图（摹自清毕沅《关中胜迹图志》）

载间（714—755 年），玄宗共正式出游华清宫 36 次。每次出游都把中央机关搬到骊山，使这里成为全国的政令中心。天宝十四载（755 年）安史之乱爆发，华清宫急剧衰落。唐后期诸帝以游此为乱亡之兆，较少来此游幸。经对华清宫遗址考古发掘，发现供奉唐太宗御书《温泉铭》碑的御书亭、唐玄宗御用汤池莲花汤、杨贵妃沐浴的海棠汤和梨园、老君殿、朝元阁等遗址。今遗址上建有华清池风景区和御汤遗址博物馆。

玉华宫 YUHUAGONG

唐代著名避暑离宫，位于今陕西铜川西北的玉华山。始建于唐高祖武德七年（624 年），初名仁智宫。太宗贞观二十一年（647 年）扩建完成，定名玉华宫。殿宇高敞宏大，只有正殿覆瓦，其余皆苫以茅草，因此清凉程度还略胜九成宫一筹。次年太宗前往巡游，并在玉华殿召见玄奘，询问翻译佛经情况。唐高宗永徽二年（651 年）改宫为寺，称"玉华寺"。显庆四年（659 年），玄奘由长安慈恩寺移居玉华寺译经，长达 4 年，麟德元年（664 年）圆寂于玉华寺肃成院。其后衰微，唐玄宗天宝年间彻底废弃。考古调查初步确认宫址包括玉华山的凤凰谷、珊瑚谷、兰芝谷三个山谷，东西长约 4000 米，南北宽约 200~300 米，发现建筑基址、夯土围墙及唐代石窟等遗迹多处。石窟位处北面悬崖上，内存佛像石座，侧刻"大唐龙朔二年三藏法师玄奘敬造释迦佛像供养"20 字。

驿站与桥梁

临皋驿
LINGAOYI

　　唐西出京师长安的第一个驿站。驿站建有房舍，备有马匹，以供来往者食宿。公私迎送，多在此宴饮饯别。临皋驿作为长安开远门外的第一座驿站，对于丝绸之路具有重要意义，受到今人重视。关于此驿站的具体位置，史书语焉不详。据《长安志》记载，"临皋驿在县西北一十里开远门外"，而唐《杜玄礼墓志》明确记载临皋驿在开远门外7里，据此判断文献所言的"一十里"是长安县廨与开远门之间的距离。又据唐《史堵颖墓志》记载葬地长安县龙首乡小严村，位于开远门外临皋驿西南。综合判断，临皋驿大致在开远门外西北约7里的枣园村，遗址具体位置有待今后考古发现证实。

都亭驿
DUTINGYI

　　唐都城长安所设的驿站之一，以都亭驿为最大。唐代京师长安周围驿站四通八达，实行驿传合一的制度，"驿"代替了以往的"邮""亭""传"。驿的任务包罗万象，既负责国家公文书信的传递，又传达紧急军事情报，还兼管接送官员、怀柔少数民族、平息内乱等各种事务，有时还管理贡品运输和其他小件物品的运输。都亭驿配有驿夫 25 人。关于该驿的具体位置说法不一：
一说位于皇城外朱雀门街西从北第二坊通化坊；一说位于朱雀门
东第五街即皇城东第三街街东敦化坊。唐朝末年，邠宁节度使王
行瑜等杀宰相韦昭度、李谿于都亭驿。

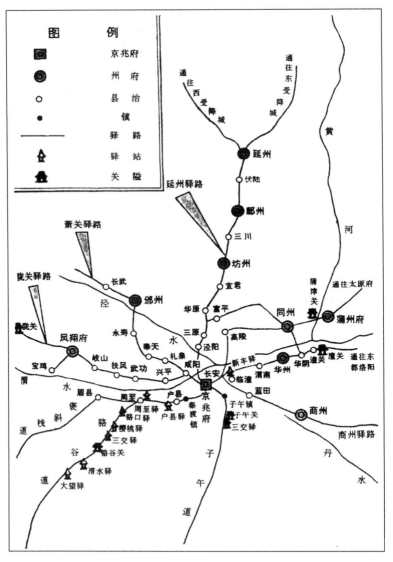

唐代京兆府驿路分布示意图

长乐驿
CHANGLEYI

京兆万年县东 15 里长乐坡下所设驿站，位于东出长安的要道上。武则天圣历元年（698 年），因滋水驿（灞桥驿）距离都亭驿路远，马多死损，故中间置长乐驿。东距滋水驿 13 里，西距都亭驿 13 里。因驿站东濒浐水，故又名长乐水馆。由长安东行的官宦士人常在此送客话别。唐时从日本、新罗、南洋来长安的各国使节、僧侣和客商，过灞桥至长乐驿，大都要在驿馆作一夜休整，次日外国使节由鸿胪寺官员迎接入城。这里是长安城东去必经之地，也是东去函谷关一线与向东前往荆楚一线的分路口。故白居易《长乐坡送人赋得愁字》诗云："行人南北分征路，流水东西接御沟。终日坡前恨离别，漫名长乐是长愁。"

蓝桥驿
LANQIAOYI

唐代设于蓝田县东南蓝溪水中上游川道和下游峡谷交界处的驿站，因位于蓝溪桥附近，故名。从此驿东南前行，驿道蜿蜒于蓝溪水东侧的峡谷之中，道路平坦，50 余里即至蓝田关。再东行数里，即为京兆府与商州分界的秦岭正脊分水岭。唐代从长安出发途经此驿的文人学士，留下了大量的著名诗篇。白居易在《蓝桥驿见元九》诗中云："蓝桥春雪君归日，秦岭秋风我去时。每到驿亭先下马，循墙绕柱觅君诗。"韩愈留下的诗句尤其广为传诵："云横秦岭家何在，雪拥蓝关马不前。"

灞桥
BAQIAO

　　位于东出长安的交通要道，横跨长安城东灞河上。历史上灞桥的位置有所移动，但性质和重要地位依然如故。隋开皇三年（583年），因迁都大兴城，为交通方便，于是在秦汉灞桥之南筑石桥，与都城通化门直对。中宗景龙四年（710年），又在隋灞桥南另建一桥，形成南北二桥。唐代诗人王昌龄在《灞桥赋》中用"若长虹之未翻"加以描绘。原桥已毁，仅存基座。1994年在灞河取沙发现隋灞桥遗址。原长约400米，考古清理出4个桥墩，其上安置龙头。后灞河涨水，共计冲出11个相连的桥墩。隋灞桥是我国已知时代最早、规模最宏伟、桥面跨度最长的一座大型多孔石拱桥，它的发现为研究桥梁史、科技史提供了宝贵的实物资料。

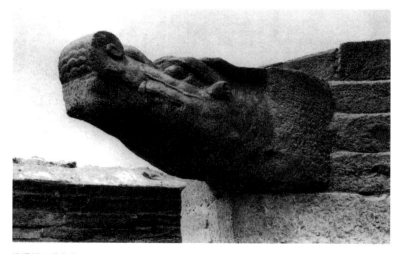

隋灞桥石雕龙头

东渭桥
DONGWEIQIAO

　　都城长安北侧架设在渭河之上的 3 座桥梁之一，居于西渭桥、中渭桥之东。东渭桥始建于西汉初年，因位于汉长安城东 50 里处，故名。唐朝初年，此桥仍存。唐玄宗开元九年（721 年），对此桥重加修缮。唐德宗建中末年，朱泚在泾原乱兵的支持下，进入长安，神策军将领李晟和汝郑应援使刘德信等先后屯军于此，进而收复长安。日本请益僧圆仁曾随遣唐使经东渭桥进入长安，其所著《入唐求法巡礼行记》中对该桥有详细记载。1967 年，陕西高陵耿镇白家嘴村群众取沙时，发现开元九年《东渭桥记》碑，碑文详细记载了这次修建工程的经过。后进行发掘，发现木桩桥基，遗址长 548.8 米、宽 11 米，桥墩以青石条砌成，中间以铁栓板连接。

陵墓

隋泰陵
SUITAILING

　　隋文帝与文献皇后独孤氏的合葬陵墓，位于今咸阳杨凌西的三峙原上。杨坚，弘农华阴（今陕西华阴）人，隋开国皇帝，581—604 年在位，结束了长期以来南北方分裂的局面，统一全国。仁寿四年（604 年）七月死于仁寿宫，同年十月与皇后合葬于泰陵。

陵园中央有高 27.4 米的覆斗形封土。经钻探，陵园平面呈方形，发现四面门庭建筑和四隅角楼遗迹。陵园东南高地上建有文帝祠庙一座，立宋代石碑一通，称"隋文帝庙"。陵前有清代陕西巡抚毕沅书"隋文帝泰陵"石碑。

关中唐十八陵
GUANZHONG TANGSHIBALING

分布在关中渭北地区的唐代 18 座帝王陵墓。除昭宗李晔、哀帝李柷以外，唐朝皇帝均埋葬于陕西关中渭北，分布在西起乾县，中经礼泉、泾阳、三原、富平，东至蒲城的 6 县，称关中十八陵。唐陵的构筑分为"积土为陵"和"依山为陵"两种形式。

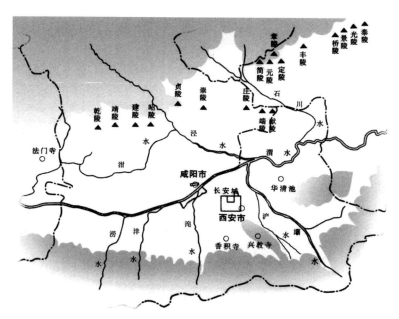

唐十八陵分布示意图

前者包括高祖献陵、敬宗庄陵、武宗端陵和僖宗靖陵4座，后者包括太宗昭陵、高宗与武则天乾陵、中宗定陵、睿宗桥陵、玄宗泰陵、肃宗建陵、代宗元陵、德宗崇陵、顺宗丰陵、宪宗景陵、穆宗光陵、文宗章陵、宣宗贞陵、懿宗简陵共14座。陵园地势北高南低，仿照京城长安设计，皆坐北朝南，东西对称布局。陵寝四周夯筑两重陵垣。内垣四面各开一门。以乾陵为例，其城内有献殿、偏房、回廊、阙楼、碑亭、祠堂、下宫等众多建筑。陵园四门之外和神道两侧，列置众多的石刻群，堪称中国古代石雕艺术的宝库。唐初献陵和昭陵的石刻高大雄浑，如著名的昭陵六骏和十四国蕃酋石像。自乾陵开始，种类和数量大增，基本形成定制，即陵园四门外置蹲狮，北门置仗马及驭手，神道两侧列石望柱、翼马等瑞兽瑞禽、仗马及牵马人、文武侍臣、蕃酋群像，陵前置神道碑。自泰陵以后，唐朝由盛转衰，陵园石刻形体变小，制作粗糙，这与唐朝的国势衰弱有着直接的关系。唐代帝陵陵园广阔，陪葬墓群庞大。唐代帝陵陵园已开展许多勘察工作，对陵园地面建筑和石刻开展了调查和发掘。在对靖陵的发掘工作中，有许多重要发现。目前已发掘了昭陵的李勣墓、韦贵妃墓，乾陵的章怀太子墓、懿德太子墓、永泰公主墓，泰陵的高力士墓等重要陪葬墓，出土了一批精美的壁画和文物。

杨贵妃墓
YANGGUIFEIMU

唐玄宗宠妃杨贵妃之墓。杨贵妃小字玉环，蒲州永乐（今山西永济）人，蜀州司户杨玄琰女。初为寿王李瑁妃，善歌舞，晓音律，后入宫为女官，号太真，大得玄宗宠幸。封贵妃，父姊显贵，堂兄杨国忠操纵朝政，势倾天下。安史之乱，随玄宗奔蜀，途经马嵬驿（今陕西西安西）时，禁军大将陈玄礼密启太子李亨杀杨国忠，又胁迫玄宗将杨贵妃缢死，葬于驿西道侧。白居易《长恨歌》吟咏道："六军不发无奈何，宛转蛾眉马前死。"唐玄宗从四川返回，曾密令中官另备棺椁迁葬。墓地现围有一小陵园，残冢用青砖包砌，呈半圆形，坐北朝南，底径约 3 米，高 3.2 米。

唐　韩休墓壁画《乐舞图》

祢氏家族墓
MISHIJIAZUMU

　　唐代百济移民家族墓葬，位于唐长安城西南高阳原（今长安郭杜）一带。2010 年春，在西安市长安区郭杜街道办事处发掘出土了 3 座可明确判断为唐代祢氏家族的墓葬，墓主为祖、父、子三代。这3座墓葬皆坐北朝南，为长斜坡墓道多天井墓葬，天井3~4个，大致排列为南北两排。北面偏东的一座墓葬，为唐云麾将军、左武卫将军、上柱国、来远郡开国公祢素士墓。南面偏西的一座墓葬，墓主为祢素士长子虢州金门府折冲祢仁秀。居中的一座墓葬规模最大、等级最高，时代大致为高宗时期，推测为先前盗掘出土的《唐祢寔进墓志铭》的志主——祢素士之父、祢仁秀之祖父祢寔进，任唐左威卫大将军、来远县开国子、柱国。根据墓志记载，祢氏先祖原居中国大陆，为躲避战乱迁徙到百济。其中祢寔进（即祢植）在唐朝与新罗联合征伐百济的战争中曾引领百济义慈王归降唐朝，事迹可与史籍记载相互印证。另外近年新出土了《唐祢军墓志铭》，志主为祢寔进之兄，担任唐右威卫将军之职。埋葬地点也位于长安高阳原，与上述3座祢氏家族墓应在同一区域。《祢军墓志》刻于唐仪凤三年（678年），是迄今最早出现"日本"二字的石刻。祢军在高宗麟德年间曾经两次奉命出使日本，墓志内容可以与韩国、日本文献相互印证，对于研究7世纪唐与朝鲜半岛、日本的国际关系以及日本国号的形成年代具有十分重要的价值。墓志的出土为研究古代中国大陆与朝鲜半岛的人口迁徙以及经济文化交流提供了重要的实例，也为研究百济移民融入唐代社会提供了重要资料。

祢寔进墓出土的塔式罐

岁时风俗

上元观灯
SHANGYUANGUANDENG

　　古代节令习俗。上元节即农历正月十五的元宵节，唐都长安盛行观灯之俗。平素长安宵禁甚严，上元节前后3天，金吾禁令松弛，从王公贵族到平民百姓无不自由出入街巷，通宵达旦观赏争奇斗艳的各式花灯。中宗在上元节多次与韦后微服至坊里观灯，不少幽闭深宫的宫女趁观灯之机出逃。玄宗时，上元观灯达到高潮。先天二年（713年），曾在安福门外作灯轮，高20丈，用锦绣金玉装饰，点燃5万盏灯，簇拥如同美丽的花树。精选长安、万年少女和妇人千余人，盛装华丽，于灯轮下踏歌三日三夜。上元观灯因安史之乱而受到影响，但这种风习直到唐后期仍相当风行，历代相传，以至于今。

中和游胜
ZHONGHEYOUSHENG

　　唐代节令习俗。唐德宗贞元五年（789年），采纳大臣李泌建议，取《礼记·中庸》"致中和，天地位焉，万物育焉"之意，下诏废止正月晦日之节，以农历二月初一为中和节，以示重农为本的思想。中和、上巳、重阳并称三令节。中和官员休假一天。皇帝在五谷播种的时节，祭日神勾芒，劝民农耕，祈求丰年，令百官进献农书，并聚会宴乐，饮中和酒，赋诗歌舞。大臣请皇帝赏赐裁度之尺，王公戚里贡献春服。各地民间纷纷效仿，出现了互送青囊、五谷、瓜果之种等习俗。中和节起源于唐，兴盛于宋。元代后期，中和节逐渐与同样有着"重农耕、祈丰年"节俗的"二月二"合成一个节日。清代有民谚曰："中和节庆龙抬头，春祭勾芒祈丰收。"

上巳踏青
SHANGSITAQING

古代节令习俗。原来以三月第一个巳日为上巳，在水边举行沐浴祭礼，以驱邪祟，去百病，称为祓禊。此风俗起源很早，至迟在春秋战国时期已形成比较固定的礼仪和活动。唐代上巳节固定为三月三日，变成了以踏青游宴为主的娱乐性节日。王公贵族和百姓士女倾城而出，多到郊外水滨踏青游乐。除曲江外，泾、渭、浐、灞诸水之滨亦为都人喜爱的祓禊踏青之地。杜甫"三月三日天气新，长安水边多丽人"的诗句，形象地描绘了这一节日的景象。

唐 张萱《虢国夫人游春图》（局部）

重阳登高
CHONGYANGDENGGAO

　　古代节令习俗。农历九月九日是重阳节，又称为重九。我国古代把九定为阳数，九月九日月日并阳，寓意长久。在我国，早在战国时期已形成此节。汉代以后，逐渐盛行。重阳佳节，人们纷纷佩茱萸、登高、赏菊、宴享，以求长寿。登高是重阳节的重要风俗，汉代此俗当由汝南人桓景在九月九日登高以避灾的故事而来。唐代每逢重阳，君王要赏赐臣下"茱萸树、菊花酒、五色糕"，登高野宴，为节日助兴。登高活动中，还有以茱萸插于头上以避邪恶的风俗，所以王维在《九月九日忆山东兄弟》一诗中才会有"遥知兄弟登高处，遍插茱萸少一人"的感慨。重阳正是菊花怒放的季节，相传菊花酒可以使人长寿，于是喝菊花酒成了登高活动的一项重要内容。登高在文人学士中特别盛行，唐代诗人给我们留下了大量以登高为题材的作品。重阳之日，已是秋高气爽的深秋季节，登高可以怡神旷心、舒畅情志、延年益寿。

曲江流饮
QUJIANGLIUYIN

　　唐代长安风尚。曲江自秦代开始，就是一处风光优美的园林区。在唐代时，这里更是绿树环绕，水色明媚，楼阁掩映，风光宜人。唐代文人学士在三月上巳节这一天，至长安城东南风景明媚的曲江游宴赏景，他们仿照古人"曲水流觞"的习俗，放羽觞（酒杯）

于曲流之上，随水流漂浮漫泛，漂至谁前，谁就饮酒作诗，成为一时之盛事，其风雅不逊东晋山阴兰亭之美。"曲江流饮"因此得名，后被誉为长安八景之一。

明 黄宸《曲水流觞图》

雁塔题名 YANTATIMING

唐代长安风尚。唐中宗神龙年间，张莒进士及第，闲游慈恩寺，一时兴起，将名字题在大雁塔下。不料，此举引得文人纷纷效仿。尤其是新科进士更把雁塔题名视为莫大的荣耀。他们在曲江宴饮后，集体来到大雁塔下，推举善书者将他们的姓名、籍贯和及第的时间用墨笔题在墙壁上。这些人中若有人日后做到卿相，还要将姓名改为朱笔书写。在雁塔题名的人当中，最出名的要算是白居易了。他27岁一举中第，写下"慈恩塔下题名处，十七人中最少年"的诗句加以夸耀。慈恩寺的墙壁毕竟空间有限，不久，白墙便成"花墙"。据说唐武宗时的宰相李德裕不是进士出身，故深忌进士，下令取消了曲江宴饮，并让人将新科进士的题名全数除去。尽管雁塔题名后来已无法看到，但这一故事成为古代科举制度中进士及第的代称。

灞柳送别
BALIUSONGBIE

　　古代长安风尚。灞桥是长安东出的交通要道，两岸广植依依垂柳。自古以来灞上送别、折柳相赠，成为历久不衰之风尚。唐人有折柳赠别的习惯。柳，与留字谐音，表达挽留之意。柳枝细长如丝，丝，与思字谐音，表达思念之情。长安人送客多至灞桥，折柳赠别，故灞桥又名销魂桥。古人有"都人送客至此，折柳赠别"的记载。《开天遗事》说："来迎去送，至此黯然，故人呼为断魂桥。"李白有"年年柳色，霸陵伤别"的名句。唐朝在此设有灞桥驿，亲友出行多在此送别，故有"杨柳含烟灞岸春，年年攀折为行人"的诗句。灞水两岸筑堤植柳自古有之，隋唐为盛。明清时，灞柳风光更显生机。每逢阳春时节，柳枝吐絮，漫天飞扬，飘洒如雪，"灞柳风雪"成为长安八景之一。

游赏牡丹
YOUSHANGMUDAN

　　唐代长安风尚。牡丹在唐以前尚未出名，自武则天以后，此花渐盛。玄宗开元年间，崇尚牡丹，种于兴庆宫沉香亭前。唐玄宗常和杨贵妃赏花，一次命李白写诗助兴。李白撰《清平调词》，写下"云想衣裳花想容，春风拂槛露华浓"的诗句，借牡丹的国色天香歌咏杨贵妃的美艳绝色。唐代中后期，牡丹逐渐由皇宫普及到京师衙署、寺庙、私家庭院，品种出新，争奇斗艳，称为"花王"。佛寺中以慈恩寺和西明寺的牡丹最负盛名。《唐语林》载：
慈恩寺浴室院有两丛牡丹，"每开及五六百朵"。该寺清上人院
的牡丹，也曾引诗人吟咏。《剧谈录》载：慈恩寺"有殷红牡丹
一窠，婆娑几及千朵"。西明寺牡丹，白居易、元稹都曾观赏，
白居易有《西明寺牡丹花时忆元九》诗。游赏牡丹成为京城时尚。
每到暮春时节，争相游赏牡丹，车马若狂。难怪唐人吟诗道："唯
有牡丹真国色，花开时节动京城。"

唐 武惠妃石椁线刻《仕女图》（局部）

后记 *Afterword*

条条道路通长安。

物华天宝、人文荟萃、万方辐辏、宏伟壮丽的隋唐长安城历经三百多载的风霜雨雪，随着唐王朝的灭亡变成一片废墟。

历代文人学士不乏对长安城的踏勘、考证和研究，今人通过古代文献、碑刻仍然可以想见昔日的荣光。早在盛唐时期，韦述的《两京新记》已对长安城的宫室坊市进行专门记述，惜今仅存残本。北宋宋敏求在此基础上撰写《长安志》，记述更为详尽。清人徐松编著的《唐两京城坊考》成为近人研究长安的奠基之作。北宋吕大防还曾将唐长安城及太极宫、大明宫、兴庆宫的布局分别作图刻石，今尚残存于世，具有很高的学术价值。

隋唐长安城遗址覆压于今天西安城市的中心地带之下。尽管除了巍然矗立的大、小雁塔，隋唐长安城地面上的建筑大多早已荡然无存，但地上地下仍然保存着十分丰富的文物遗迹，是 1996 年公布的第四批全国重点文物保护单位。唐长安城大明宫遗址、大雁塔、小雁塔、兴教寺塔列入 2014 年通过的丝绸之路"长安——天山廊道的路网" 世界遗产名录。大明宫、兴庆宫、慈恩寺、荐福寺、兴善寺、青龙寺、曲江成为令人向往的游览胜地。

新中国成立以来，随着大量考古工作的开展，隋唐长安城的外郭城城墙、道路、宫殿、坊市的基本格局已经大致探明，大明宫、兴庆宫、明德门、含光门、朱雀大街、西市、青龙寺、西明寺、庄严寺等遗址得以发掘揭露，取得了许多成果。与此同时，随着城市建设的扩张和旧城改造的不断拆建，一些重要遗迹因没有及时发掘保护而遭到破坏损毁，令人扼腕痛惜。

今天当我们穿行在唐城墙遗址公园时，你是否知道《西安历史文化名城保护规划》曾提出的"显示唐城宏大规模"是如何造福今人？当我们徜徉在三学街、北院门古色古香的建筑街区，体味传统文化魅力的时候，你是否知道唐皇城复兴计划在怎样影响着我们现代人的生活？

笔者长期在古都西安从事考古发掘工作，曾对荐福寺遗址、庄严寺遗址、朱雀大街遗址进行过勘探发掘。目前我们正开展隋唐长安城遗址考古调查项目，对历年勘探、发掘和相关研究资料进行系统搜集和整理，对隋唐长安城进行全面实地调查踏勘，在此基础上，进行科学测绘定位，希望未来建立起隋唐长安城考古地理信息系统，将有关的文物遗迹都能够标示在坐标地图上，为隋唐长安城遗址的保护和研究提供科学依据。

张全民

西安市文物保护考古研究院

2015 年 8 月 16 日于安仁坊